CHEKHOV

THE CHERRY ORCHARD

А.П. ЧЕХОВ
ВИШНЕВЫЙ САД
A. P. CHEKHOV
THE CHERRY ORCHARD

EDITED WITH INTRODUCTION,
NOTES & VOCABULARY
BY DONALD R. HITCHCOCK

RUSSIAN
STUDIES

PUBLISHED BY BRISTOL CLASSICAL PRESS
GENERAL EDITOR: JOHN H. BETTS
RUSSIAN TEXTS SERIES EDITOR:
NEIL CORNWELL

First published in 1984 by Basil Blackwell Ltd.

This edition published in 1992 by
Bristol Classical Press
an imprint of
Gerald Duckworth & Co. Ltd.
The Old Piano Factory
48 Hoxton Square, London N1 6PB

A CIP catalogue record for this book is available
from the British Library

ISBN 1-85399-256-9

Printed in Great Britain by
Booksprint, Bristol

INTRODUCTION

In this book, number references in citations indicate page and line in this edition, *b* indicating the number of lines from the bottom of the page. See the introduction to the Selected Notes for abbreviations.

The following literary biography emphasizes the author's serious dramatic work and the student is thus advised to refer for a fuller account to D. S. Mirsky, *A History of Russian Literature* (N.Y., 1949), pp. 353 367.

Anton Pavlovich Chekhov was born Jan. 17, 1860 in Taganrog in a merchant's family. His grandfather had been a serf who had managed to buy his own and his whole family's freedom. From 1869 to 1879 Anton studied at the local Taganrog secondary school. In 1879 he matriculated at the Faculty of Medicine of the University of Moscow, joining his family, which had moved there in 1876 after a decline in economic conditions in Taganrog. Chekhov received his degree in 1884, but relied on his literary work for a living. Chekhov wrote his first play *Иванов* (*Ivanov*) in 1887, it being first performed at the Korsh Theater in Moscow Nov. 19, 1887. This work was revised and the version appearing in his *Works* is quite different from the 1887 version. In 1890 Chekhov travelled to Sakhalin via Siberia, returning by sea via Ceylon, an exceptional journey in an otherwise placid life. In 1891 he bought land at Melikhovo, 50 miles south of Moscow, where he settled with his parents, sister and younger brother. In 1895 he wrote

Чайка (*The Seagull*), the first production being at the Alexandra Theater in St. Petersburg Oct. 17, 1896, a failure. He left before the conclusion of the performance, promising never to write another play. However, K. S. Stanislavskii (Alekseev), a wealthy Muscovite merchant, and V. Nemirovich-Danchenko, a dramatist, founded the Moscow Art Theater at this time. Their performance of *The Seagull* on Dec. 17, 1898 was an enormous success. Chekhov turned special attention towards the theater with productions of the Art Theater in mind. In 1889 Chekhov had written *Лёший* (*The Forest Spirit*), turned down by the Alexandra Theater, and finally unsuccessfully staged at the Abramova Theater in Moscow Dec. 27, 1889. It is neither a draft nor independent, and bears a close relationship to *Дядя Ваня* (*Uncle Vanya*), staged by the Art Theater Oct. 26, 1899. *Три Сестры* (*Three Sisters*) was given its first performance by the Art Theater Jan. 21, 1901. *Вишнёвый сад* (*The Cherry Orchard*) was given its première by the Art Theater Jan. 17, 1904. In 1901 Chekhov had married an actress of the Art Theater, O. L. Knipper. He had been forced to move from Melikhovo in 1897 due to his health, and now lived mainly in Yalta. His tuberculosis became worse. He was sent to a Black Forest spa, Badenweiler, where he died July 1, 1904.

Chekhov took about ten months to write *The Cherry Orchard*, which he had been thinking about three years, constantly interrupting his writing because of his health.

The text of the play has been preserved in a
manuscript copy in Chekhov's hand with his
own corrections, as well as two identical
printed versions. The first was published by
the Znanie firm in their collection for 1903
(St. Petersburg, 1904), the second by A. F.
Marks as a separate edition (St. Petersburg,
1904). The play is in four acts, which are
not divided into scenes, covering a period
of four months, from early May to early
September. For an excellent synopsis-
commentary, see D. Magarshack's forty-six
page summary (see Selected Bibliography).
The play is basically a comedy, as Chekhov
himself always insisted. He wrote in a
letter of Sept. 15, 1903 to M. P. Alekseeva
(Lilina): «Вышла у меня не дра́ма, а
коме́дия, места́ми да́же фарс» ("I have
come up with not a drama, but a comedy, in
places even a farce.") But in a letter to
Chekhov of Oct. 20, 1903, Stanislavskii
wrote: «Это не коме́дия... Это
траге́дия». ("This is not a comedy...
this is a tragedy..."), and accordingly
the Art Theater's initial presentation of
the play as a heavy drama reflects this
perception. However, the Art Theater's
interpretations of the play did change
with time. The vastly differing versions
and the continuing popularity of the play
only emphasize its many facets. The large
number of comic episodes, the number of
comic characters, and the overall major
tonality of the play support the character-
ization of *The Cherry Orchard* as a comedy.

There are in the play numerous themes, which are structured, in Balukhatyi's words, according to the principle of unorganized articulation, in which the devices of interruption, severance, and recurrence stand out. This makes for rather difficult reading. But each act has a basic theme, which lends a compositional unity to the act. Act 1 has as its basic subject themes concerning Ranevskaia, Act 11 - themes concerning Lopakhin, Act 111 - the sale of the estate, and Act 1V - the episodic theme of Firs. Act 1 gives us also background information, introduces the various major characters. Act 11 also further develops the themes of Act 1 and introduces new themes concerning Trofimov. Act 111 also further develops basic themes introduced before and ends the plot line. Act 1V gives more information on the fates of various characters, and most interestingly projects the action beyond the end of the play.

It can scarcely be said that there is a plot line to the play. The basic event of the play, the sale of the estate, is predetermined from the beginning of the play. But is is against this background that the characters develop and reveal themselves to us. The characters are developed against this background by very ordinary everyday events, through contrasting movements of opposing groups (Ranevskaia and Gaev on the one hand, Lopakhin, Trofimov, Ania on the other).

The language of each major character has
been carefully worked out and individualized
by Chekhov. Space precludes a long discussion,
but a few remarks can be made. In this matter,
also see the Selected Footnotes. 1) Ranevskaia-
her language is literary, with rare popular
elements, e.g., «Вйдит Бог, я люблю
рóдину...» ("God knows I love my country...")
23.19-20, and «Слóвно гдé-то мýзыка».
("It's as if there were music somewhere.")
39.13b. It is very emotional, in accordance
with her character, e.g., «...дрожйт душá
от кáждого звýка...» ("...my heart quivers
at each noise...") 52.14-13b, «Шкáфик мой
роднóй...» ("My dear book-case...") 24.7.
She repeats the same word or combinations of
words, e.g., «Весь, весь бéлый!» ("All,
all white!") 28.8-7b, «Для чегó? Для
чегó, мой друг?» ("Why? Why, my friend?")
29.6b, etc. She often uses endearing dimi-
nutives, e.g., «...мой старичóк.» ("...my
dear fellow." 23.16b, «... мáльчиком,
мйлым студéнтиком...» ("... a boy, a
sweet student...") 30.2. 2) Ania - her
language is the most perfect literary language
in the play. She uses no slang, no dial.,
no vulgarisms. Reviakin has even noticed a
certain rhythmic quality, an iambic structure
in certain utterances, e.g., «... тепéрь
озябла óчень.» ("... and now I'm frozen.")
19.3-4, etc. 3) Varia - her language is for
the most part literary, but there are elements
of a dialectal-popular color, e.g., «Должнó...»
("Probably...") 21.13, where должнó is used
in the sense of должнó быть. Her language
shows an abusive streak, e.g., «Убирáйся

7

же вон отсюда!» ("Get out of here!")
57.19-20, sentimentality, e.g., «Душечка
моя приехала! Красавица приехала!»
("My darling has come! My lovely (sister)
has come!") 31.3-4, a religious bent, e.g.,
«Благолепие!» ("Bliss!") 21.11. The
last word is so characteristic of Varia
that Trofimov mimics her with it 51.10.
4) The language of Gaev is notable for
its billiard terminology. These expressions
are really only interjections, responses to
varying situations, e.g., «Режу в угол!»
("Screw shot into the corner!") 22.14b,
etc. There are elements of arrogant familiarity,
e.g., «От кого это селёдкой пахнет!»
("Who's that smelling of herring!") 65.2, the
use of кого in the sense of 'what?' 22.10b.
There is a rhetorical excess in his language,
e.g. his speech to the bookcase «Дорогой,
многоуважаемый шкаф!...» ("Dear and
most honored bookcase!...") 26.21-13b, his
invocation to nature «О, природа, ...»
("Oh, nature...") 43.16-12b, etc. 5) The
language of Lopakhin is complex, expressing
his village origin, his lack of a good
education, and his occupation. Popular or
dialectal coloring is frequent, e.g.,
«... какого чёрта свалял!» ("...what
a fool I've made of myself!") 16.12, where
чёрта is used instead of дурака. Commercial jargon at times colors his language,
e.g., «заработал сорок тысяч чистого»
("...I earned forty thousand clear.") 63.2,
etc. His lack of education shows in his
misquotation from Shakespeare and in his
pronunciation of Ophelia as Охмелия

8

45.9 and 45.12. There are attempts at use of a
bookish language, e.g., «... циркуля́ция
де́ла не в э́том.» ("... that's not what
makes things work.") 63.12-11b. 6) The
language of Trofimov, the "eternal student,"
is colored by a political and scientific
terminology, e.g., «... в смы́сле обме́на
веще́ств...» (... in the sense of metabolism...")
41.8b, «Громадное большинство́ той
интеллиге́нции...» ("The vast majority of those
intellectuals...") 42.16b. A certain rhetorical
tendency ties him to Gaev, e.g. «Ве́рьте мне,
Аня...» ("Believe me, Ania...") 46.13-6b.
7) Simeonov-Pishchik - his language contains
numerous popular-colloquial elements, e.g.,
«небо́сь» ("probably") 23.6, «...ан глядь...»
("... on the contrary, you take a look...") 28.10,
etc. He uses a number of sayings, e.g.
«... пропада́й моя́ теле́га, все четы́ре
колеса́...» ("... I'm completely lost/bowled
over...") 23.8-7b, etc. The exclamation
«Вы поду́майте!» ("Just think!"), his very
first line is his characteristic utterance,
repeated eight times. He uses superlatives ten
times, six in one short scene alone in Act 1V,
e.g., «почте́ннейшие» ("most respected")
66.14. 8) Charlotta Ivanovna - her language is
especially individualized, with numerous
constructions modelled on German syntax, e.g.,
«... мой ми́лый господи́н Пи́щик» ("...my
dear Mr. Pishchik.") 49.8, a conspicuous error
«Вы...мне о́чень понра́вился...»
("I ... like you very much.") 49.15-14b, and
in addition to her counting in German she
addresses one ironical German proverb to
Pishchik, "Guter Mensch, aber schlechter

9

Musikant." 49.8-7b. 9) Epikhodov - his language reveals his intellectual traits, his lack of education, and is artificial and comic. He often combines bookish terms with colloquial, producing a comic effect, e.g., «...позвольте вам присовокупить ... что нет возможности.» ("... permit me to add to you... that there is no possibility/=hope.") 17.17-19. His language reflects the confusion of his mind, and Duniasha correctly evaluated his language when she said: «Человек он смирный, а только иной раз, как начнёт говорить, ничего не поймёшь.» ("He's a quiet person, but sometimes when he begins to talk, you can't understand anything...") 17.4-3b. 10) Duniasha - her language is a mixture of colloquial-popular Russian, with phrases peculiar to her position and phrases incorrectly absorbed from her social superiors. Her attempts to mimic her superiors are comic, e.g., «Я сейчас упаду ... Ах, упаду!» ("I'll faint any minute...Oh, I'm going to faint!") 18.8-9. She uses the third person plural servant's deferential formula of politeness in speaking of a superior, e.g., «В бане спят...» ("He sleeps in the bath-house...") 19.15b. 11) Firs - his language is characterized by popular and dialectal elements, e.g., «бесперечь» ("incessantly") 44.7, «не в охотку» ("unwillingly") 54.12b, etc. He uses the third person plural in speaking of a superior in his capacity as servant, e.g., «Они были у нас на Святой...» ("He was with us during Holy Week...") 27.5. A characteristic word of Firs is «недотёпа» ("nincompoop") 22.9-10, 54.6b, 71.5b. 12) Yasha -

his language shows popular-colloquial elements,
e.g., «éжели» ("if") 36.15 and 36.18,
formulae of servants' politeness, e.g., «Тут
мóжно пройтú-с?» ("May I pass through here,
ma'am?") 21.16-17, phrases picked up from his
masters, e.g., «Не могý с вáми не со-
гласúтьсл» ("I cannot help but agree with
you.") 35.3, where the double negative is an
indicator of the borrowing. He mixes bookish
and popular-colloquial elements, e.g., «Я
такóго мнéния ... нарóд дóбрый, но
мáло понимáет.» ("I am of this opinion...
the people are good, but uneducated.") 61.3-5,
where такóго мнéния is a bookish combination
and мáло понимáет popular.

Not only is the dialogue important, but
the lack of it. There is an abundance of pauses
in the play, indicating various moods - reflection,
troubled speech, etc. In Act 1 there are 10, in
Act 11 17, in Act 111 1, in Act 1V 15. Many of
these pauses contain sounds, humming, singing,
music.

This comedy, with its contradictory
melancholy overtones, has remained a favorite on
the Russian stage, and become a classic of the
world theater.

I wish to thank my former colleague Dr.
Katrina Dulbe for reading over my work and
offering valuable suggestions. Acknowledgement
must be given to works of P. G. Strelkov and A. I.
Reviakin, which were used in my comments on the
language of the play. Concerning the billiard
terminology in the play, I have relied on the

observations of J. M. C. Davidson and the
translations of R. Hingley.

SELECTED BIBLIOGRAPHY

Barricelli, Jean-Paul (ed.), *Chekhov's Great Plays: a critical anthology*, New York University Press, 1981. (Contents include two articles on *The Cherry Orchard* and nine of Chekhov's plays generally.)

Bely, Andrei, 'The Cherry Orchard' in *The Russian Symbolist Theatre: an anthology of plays and critical texts*, ed. Michael Green (Ardis, Ann Arbor, 1986), pp. 131-4. (Bely's 1904 piece on symbolism in the play.)

Berdnikov, G.P. *Chekhov-dramaturg*, Iskusstvo, Moscow, 1981, esp. pp. 249-354. (The Soviet view of literature reflecting the march of history, stated articulately.)

Emeljanow, Victor (ed.), *Chekhov: the critical heritage*, Routledge and Kegan Paul, 1981. (Consists mainly of reviews of New York and London productions of Chekhov's plays and records widely differing interpretations.)

Gerhardie, William, *Anton Chekhov: a critical study*, Macdonald, London, 1974. (The first general critical monograph on Chekhov in English, first published in 1923 and still rewarding.)

Jackson, Robert Louis (ed.), *Chekhov: a collection of critical essays*, Spectrum Books, Prentice Hall, Englewood Cliffs, NJ, 1967. (In the popular *Twentieth Century Views* series; this is the best selection of important Russian and Western articles on Chekhov and is mainly devoted to his plays.)

Karlinsky, Simon (selection, commentary and introduction by), *Letters of Anton Chekhov*, The Bodley Head, London, 1973, esp. pp. 440-77. (A selection of Chekhov's letters with comprehensive annotation providing background to the writing and production of the play. Paperbacked as *Anton Chekhov's Life and Thought*, University of California Press, Berkeley, 1975.)

Magarshack, David, *The Real Chekhov*, London and
New York, 1972. (This includes the excellent
synopsis and commentary on *The Cherry Orchard*.)
Magarshack, David, *Chekhov the Dramatist*, Eyre
Methuen, London, 1980. (Reprint of the 1952
classic.)
Paperny, Z.S. *Vopreki vsem pravilam*, Iskusstvo,
Moscow, 1982, esp. pp. 200-34. (Most interesting
of the contemporary Soviet Chekhov specialists.)
Peace, Richard, *Chekhov: a study of the four major
plays*, Yale University Press, 1983, esp. pp. 117-
57. (Sharp-eyed observations on the relevance of
apparent inconsequentials.)
Pitcher, Harvey, *The Chekhov Play: a new
interpretation*, Chatto and Windus, London, 1967.
(Paperbacked by University of California Press,
1985.)
Stanislavsky, Constantin, *My Life in Art*, Eyre
Methuen, London, 1980, esp. pp. 292-328, 415-24.
(These memoirs, first published in 1924, reveal the
philosophy of the theatre for which Chekhov
wrote his play, though there is little on the play
itself.)
Styan, John Louis, *Chekhov in Performance: a
commentary on the major plays*, Cambridge
University Press, 1971. (An almost scene-by-scene
analysis for directors and actors. See also Styan's
The Dark Comedy, 1968, and *Modern Drama in
Theory and Practice*, vol. 1, 1981, which establish
Chekhov's place in European drama.)
Valency, Maurice, *The Breaking String: the plays of
Anton Chekhov*, Oxford University Press, 1969,
esp. pp. 257-301.

Compiled by L.S.K. le FLEMING

ВИШНЁВЫЙ САД

Комедия в четырёх действиях

ДЕЙСТВУЮЩИЕ ЛИЦА:

Р а н е́ в с к а я Л ю б о́ в ь А н д р е́ е в н а, поме́щица
А н я, её дочь, 17 лет.
В а́ р я, её приёмная дочь, 24 лет.
Г а́ е в Л е о н и́ д А н д р е́ е в и ч, брат Ране́вской.
Л о п а́ х и н Е р м о л а́ й А л е к с е́ е в и ч, купе́ц.
Т р о ф и́ м о в П ё т р С е р г е́ е в и ч, студе́нт.
С и м е о́ н о в - П и́ щ и к Б о р и́ с Б о р и́ с о в и ч,
 поме́щик.
Ш а р л о́ т т а И в а́ н о в н а, гуверна́нтка.
Е п и х о́ д о в С е м ё н П а н т е л е́ е в и ч, конто́рщик.
Д у н я́ ш а, го́рничная.
Ф и р с, лаке́й, стари́к, 87 лет.
Я ш а, молодо́й лаке́й.
П р о х о́ ж и й.
Н а ч а́ л ь н и к с т а́ н ц и и.
П о ч т о́ в ы й ч и н о́ в н и к.
Г о́ с т и, п р и с л у́ г а.

Де́йствие происхо́дит в име́нии Л. А. Ране́вской.

15

ДЕЙСТВИЕ ПЕРВОЕ

Комната, которая до сих пор называется детскою. Одна из дверей ведёт в комнату Ани. Рассвет, скоро взойдёт солнце. Уже май, цветут вишнёвые деревья, но в саду холодно, утренник. Окна в комнате закрыты.
Входят Д у н я ш а со свечой и Л о п а х и н с книгой в руке.

Л о п а х и н. Пришёл поезд, слава Богу. Который час?

Д у н я ш а. Скоро два (Тушит свечу.) Уже светло.

Л о п а х и н. На сколько же это опоздал поезд? Часа на два, по крайней мере. (Зевает и потягивается.) Я-то хорош, какого чёрта свалял! Нарочно приехал сюда, чтобы на станции встретить, и вдруг проспал... Сидя уснул. Досада... Хоть бы ты меня разбудила.

Д у н я ш а. Я думала, что вы уехали. (Прислушивается.) Вот, кажется, уже едут.

Л о п а х и н (прислушивается). Нет... Багаж получить, то да сё... (Пауза.) Любовь Андреевна прожила за границей пять лет, не знаю, какая она теперь стала... Хороший она человек. Лёгкий, простой человек. Помню, когда я был мальчонком лет пятнадцати, отец мой покойный — он тогда здесь на деревне в лавке торговал — ударил меня по лицу кулаком, кровь пошла из носу... Мы тогда вместе пришли зачем-то во двор, и он выпивши был. Любовь Андреевна, как сейчас помню, ещё молоденькая, такая худенькая, подвела меня к рукомойнику, вот в этой самой комнате, в детской. «Не плачь, говорит, мужичок, до свадьбы заживёт...» (Пауза.) Мужичок... Отец мой, правда, мужик был, а я вот в белой жилетке, жёлтых башмаках. Со свиным рылом в калашный ряд... Только что вот богатый, денег много, а ежели подумать и разобраться, то мужик-мужиком... (Перелистывает книгу.) Читал вот книгу и ничего не понял. Читал и заснул. (Пауза.)

Д у н я ш а. А собаки всю ночь не спали, чуют, что хозяева едут.

Л о п а х и н. Что ты, Дуняша, такая...

16

Д у н я ш а. Руки трясутся. Я в обморок упаду.

Л о п а х и н. Очень уж ты нежная, Дуняша. И одеваешься, как барышня, и причёска тоже. Так нельзя. Надо себя помнить.

Входит Е п и х о д о в с букетом; он в пиджаке и в ярко вычищенных сапогах, которые сильно скрипят; войдя, он роняет букет.

Е п и х о д о в (поднимает букет). Вот садовник прислал, говорит, в столовой поставить. (Отдаёт Дуняше букет.)

Л о п а х и н. И квасу мне принесёшь.

Д у н я ш а. Слушаю. (Уходит.)

Е п и х о д о в. Сейчас утренник, мороз в три градуса, а вишня вся в цвету. Не могу одобрить нашего климата. (Вздыхает.) Не могу. Наш климат не может способствовать в самый раз. Вот, Ермолай Алексеич, позвольте вам присовокупить, купил я себе третьего дня сапоги, а они, смею вас уверить, скрипят так, что нет никакой возможности. Чем бы смазать?

Л о п а х и н. Отстань. Надоел.

Е п и х о д о в. Каждый день случается со мной какое-нибудь несчастье. И я не ропщу, привык и даже улыбаюсь.

Дуняша входит, подаёт Лопахину квас.

Е п и х о д о в. Я пойду. (Натыкается на стул, который падает.) Вот... (Как бы торжествуя.) Вот видите, извините за выражение, какое обстоятельство, между прочим... Это просто даже замечательно! (Уходит.)

Д у н я ш а. А мне, Ермолай Алексеич, признаться Епиходов предложение сделал.

Л о п а х и н. А!

Д у н я ш а. Не знаю уж как... Человек он смирный, а только иной раз, как начнёт говорить, ничего не поймёшь. И хорошо, и чувствительно, только непонятно. Мне он как будто и нравится. Он меня любит безумно.

Человек он несчастливый, каждый день что-нибудь. Его так и дразнят у нас: двадцать два несчастья...

Л о п а х и н *(прислушивается)*. Вот, кажется, едут..

Д у н я ш а. Едут! Что ж это со мной... похолодела вся.

Л о п а х и н. Едут, в самом деле. Пойдём встречать. Узнает ли она меня? Пять лет не видались.

Д у н я ш а *(в волнении)*. Я сейчас упаду... Ах, упаду!

Слышно, как к дому подъезжают два экипажа. Лопахин и Дуняша быстро уходят. Сцена пуста. В соседних комнатах начинается шум. Через сцену, опираясь на палочку, торопливо проходит Ф и р с, ездивший встречать Любовь Андреевну; он в старинной ливрее и в высокой шляпе; что-то говорит сам с собой, но нельзя разобрать ни одного слова. Шум за сценой всё усиливается. Голос: «Вот пройдёмте здесь...» Л ю б о в ь А н д р е е в н а, А н я и Ш а р л о т т а И в а н о в н а с собачкой на цепочке, одетые по-дорожному, В а р я в пальто и платке, Г а е в, С и- м е о н о в - П и щ и к, Л о п а х и н, Д у н я ш а с узлом и зонтиком, прислуга с вещами — все идут через комнату.

А н я. Пройдёмте здесь. Ты, мама, помнишь, какая это комната?

Л ю б о в ь А н д р е е в н а *(радостно, сквозь слё- зы)*. Детская!

В а р я. Как холодно, у меня руки закоченели. *(Любови Андреевне.)* Ваши комнаты, белая и фиолё- товая, такими же и остались, мамочка.

Л ю б о в ь А н д р е е в н а. Детская, милая моя, прекрасная комната... Я тут спала, когда была ма- ленькой... *(Плачет.)* И теперь я, как маленькая... *(Целует брата, Варю, потом опять брата.)* А Варя по-прежнему всё такая же, на монашку похожа. И Ду- няшу я узнала... *(Целует Дуняшу.)*

Г а е в. Поезд опоздал на два часа. Каково? Каковы порядки?

Ш а р л о т т а *(Пищику.)* Моя собака и орехи ку- шает.

П и щ и к *(удивлённо)*. Вы подумайте!

Уходят все, кроме Ани и Дуняши.

Д у н я́ ш а. Заждáлись мы... *(Снимáет с Áни пальтó, шляпу.)*

А н я. Я не спалá в дорóге четы́ре нóчи... теперь озя́бла óчень.

Д у н я́ ш а. Вы уéхали в Вели́ком Постý, тогдá был снег, был морóз, а теперь? Ми́лая моя́! *(Смеётся, целýет её.)* Заждалáсь вас, рáдость моя́, свéтик... Я скажý вам сейчáс, одной мину́тки не могý утерпéть...

А н я *(вя́ло).* Опя́ть что нибудь...

Д у н я́ ш а. Контóрщик Епихóдов пóсле Святóй мне предложéние сдéлал.

А н я. Ты всё об однóм... *(Поправля́я вóлосы.)* Я растеря́ла все шпи́льки... *(Онá óчень утомленá, дáже пошáтывается.)*

Д у н я́ ш а. Уж я не знáю, что и дýмать. Он меня́ лю́бит, так лю́бит!

А н я *(глядит в свою́ дверь, нéжно).* Моя́ кóмната, мои́ óкна, как бýдто я не уезжáла. Я дóма! Зáвтра ýтром встáну, побегý в сад... О, éсли бы я моглá уснýть! Я не спалá всю дорóгу, томи́ло меня́ беспокóйство.

Д у н я́ ш а. Трéтьего дня Пётр Сергéич приéхали.

А н я *(рáдостно).* Пéтя!

Д у н я́ ш а. В бáне спят, там и живýт. Бою́сь, говоря́т, стесни́ть. *(Взгляну́в на свои́ карма́нные часы́.)* Нáдо бы их разбуди́ть, да Варвáра Михáйловна не велéла. Ты, говори́т, его́ не буди́.

Вхóдит В á р я, на пóясе у неё вя́зка ключéй.

В á р я. Дуня́ша, кóфе поскорéй... Мáмочка кóфе прóсит.

Д у н я́ ш а. Сию́ мину́точку. *(Ухóдит.)*

В á р я. Ну, слáва Бóгу, приéхали. Опя́ть ты дóма. *(Ласкáясь.)* Дýшечка моя́ приéхала! Красáвица приéхала!

А н я. Натерпéлась я.

В а р я. Воображáю!

А н я. Вы́ехала я на Страстнóй недéле, тогдá бы́ло хóлодно. Шарлóтта всю дорóгу говори́т, представля́ет фóкусы. И зачéм ты навязáла мне Шарлóтту...

В а р я. Нельзя́ же тебе́ одно́й е́хать, ду́шечка. В семна́дцать лет!

А н я. Приезжа́ем в Пари́ж, там хо́лодно, снег. По-францу́зски говорю́ я ужа́сно. Ма́ма живёт на пя́том этаже́, прихожу́ к ней, у неё каки́е-то францу́зы, да́мы, ста́рый па́тер с кни́жкой, и наку́рено, неую́тно. Мне вдруг ста́ло жаль ма́мы, так жаль, я обняла́ её го́лову, сжа́ла рука́ми и не могу́ вы́пустить. Ма́ма пото́м всё ласка́лась, пла́кала...

В а р я *(сквозь слёзы).* Не говори́, не говори́...

А н я. Да́чу свою́ о́коло Менто́ны она́ уже́ продала́, у неё ничего́ не оста́лось, ничего́. У меня́ то́же не оста́лось ни копе́йки, едва́ дое́хали. И ма́ма не понима́ет! Ся́дем на вокза́ле обе́дать, и она́ тре́бует са́мое дорого́е и на чай лаке́ям даёт по рублю́. Шарло́тта то́же. Яша то́же тре́бует себе́ по́рцию, про́сто ужа́сно. Ведь у ма́мы лаке́й Яша, мы привезли́ его́ сюда́...

В а р я. Ви́дела подлеца́.

А н я. Ну что, как? Заплати́ли проце́нты?

В а р я. Где там.

А н я. Бо́же мой, Бо́же мой...

В а р я. В а́вгусте бу́дут продава́ть име́ние...

А н я. Бо́же мой...

Л о п а́ х и н *(загля́дывает в дверь и мычи́т).* Ме-е-е... *(Ухо́дит.)*

В а р я *(сквозь слёзы).* Вот так бы и дала́ ему́... *(Грози́т кулако́м.)*

А н я *(обнима́ет Ва́рю, ти́хо).* Ва́ря, он сде́лал предложе́ние? *(Ва́ря отрица́тельно кача́ет голово́й.)* Ведь он же тебя́ лю́бит... Отчего́ вы не объясни́тесь, чего́ вы ждёте?

В а р я. Я так ду́маю, ничего́ у нас не вы́йдет. У него́ дела́ мно́го, ему́ не до меня́... и внима́ния не обраща́ет. Бог с ним совсе́м, тяжело́ мне его́ ви́деть... Все говоря́т о на́шей сва́дьбе, все поздравля́ют, а на са́мом де́ле ничего́ нет, всё как сон... *(Други́м то́ном.)* У тебя́ бро́шка вро́де как пчёлка.

А н я *(печа́льно).* Это ма́ма купи́ла. *(Идёт в свою́*

комнату, говорит весело, по-детски.) А в Париже я на
воздушном шаре летала!

В а р я. Душечка моя приехала! Красавица приехала!

Д у н я ш а уже вернулась с кофейником и варит кофе.

В а р я *(стоит около двери).* Хожу я, душечка,
цельный день по хозяйству и всё мечтаю. Выдать бы
тебя за богатого человека, и я бы тогда была покойней,
пошла бы себе в пустынь, потом в Киев... в Москву,
и так бы всё ходила по святым местам...Ходила бы и
ходила. Благолепие!...

А н я. Птицы поют в саду. Который теперь час?

В а р я. Должно, третий. Тебе пора спать, душечка.
(Входя в комнату к Ане.) Благолепие!

Входит Я ш а с пледом, дорожной сумочкой.

Я ш а *(идёт через сцену, деликатно).* Тут можно
пройти-с?

Д у н я ш а. И не узнаешь вас, Яша. Какой вы стали
за границей.

Я ш а. Гм... А вы кто?

Д у н я ш а. Когда вы уезжали отсюда, я была
этакой... *(Показывает от полу.)* Дуняша, Фёдора
Козоедова дочь. Вы не помните!

Я ш а. Гм... Огурчик! *(Оглядывается и обнимает
её; она вскрикивает и роняет блюдечко. Яша быстро
уходит.)*

В а р я *(в дверях, недовольным голосом).* Что ещё
тут?

Д у н я ш а *(сквозь слёзы).* Блюдечко разбила...

В а р я. Это к добру.

А н я *(выйдя из своей комнаты).* Надо бы маму пре-
дупредить: Петя здесь...

В а р я. Я приказала его не будить.

А н я *(задумчиво).* Шесть лет тому назад умер отец,
через месяц утонул в реке брат Гриша, хорошенький
семилетний мальчик. Мама не перенесла, ушла, ушла

21

без огля́дки... *(Вздра́гивает.)* Как я её понима́ю, éсли
бы она́ зна́ла! *(Па́уза.)* А Пéтя Трофи́мов был учи́телем
Гри́ши, он мóжет напóмнить...

Вхóдит Ф и р с; он в пиджакé и бéлом жилéте.

Ф и р с *(идёт к кофéйнику, озабóченно)*. Ба́рыня
здесь бу́дут ку́шать... *(Надева́ет бéлые перча́тки.)*
Готóв кóфий? *(Стрóго Дуня́ше.)* Ты! А сли́вки?
Д у н я́ ш а. Ах, Бóже мой... *(Бы́стро ухóдит.)*
Ф и р с *(хлопóчет óколо кофéйника)*. Эх, ты, недо-
тёпа... *(Бормóчет про себя́.)* Приéхали из Пари́жа...
И ба́рин когда́-то éздил в Пари́ж... на лошадя́х...
(Смеётся.)
В а́ р я. Фирс, ты о чём?
Ф и р с. Чегó извóлите? *(Ра́достно.)* Ба́рыня моя́
приéхала! Дожда́лся! Тепéрь хоть и померéть... *(Пла́-
чет от ра́дости.)*

Вхóдят Л ю б ó в ь А н д р é е в н а, Г а́ е в и С и м е ó н о в -
П и́ щ и к; Симеóнов-Пи́щик в поддёвке из тóнкого сукна́ и ша-
рова́рах. Г а́ е в, входя́, рука́ми и ту́ловищем дéлает движéния,
как бу́дто игра́ет на билья́рде.

Л ю б ó в ь А н д р é е в н а. Как э́то? Дай-ка вспóм-
нить... Жёлтого в у́гол! Дуплéт в середи́ну!
Г а́ е в. Рéжу в у́гол! Когда́-то мы с тобóй, сестра́,
спа́ли вот в э́той са́мой кóмнате, а тепéрь мне ужé
пятьдеся́т оди́н год, как э́то ни стра́нно...
Л о п а́ х и н. Да, врéмя идёт.
Г а́ е в. Когó?
Л о п а́ х и н. Врéмя, говорю́, идёт.
Г а́ е в. А здесь пачу́лями па́хнет.
А н я. Я спать пойду́. Спокóйной нóчи, ма́ма. *(Це-
лу́ет мать.)*
Л ю б ó в ь А н д р é е в н а. Ненагля́дная дитю́ся
моя́. *(Целу́ет ей ру́ки.)* Ты ра́да, что ты дóма? Я ника́к
в себя́ не приду́.
А н я. Проща́й, дя́дя.
Г а́ е в *(целу́ет ей лицó, ру́ки)*. Госпóдь с тобóй. Как

ты похо́жа на свою́ мать! *(Сестре́.)* Ты, Лю́ба, в её го́ды была́ то́чно така́я.

Аня подаёт ру́ку Лопа́хину и Пи́щику, ухо́дит и затворя́ет за собо́й дверь.

Любо́вь Андре́евна. Она́ утоми́лась о́чень.

Пи́щик. Доро́га, небо́сь, дли́нная.

Ва́ря *(Лопа́хину и Пи́щику).* Что ж, господа́? Тре́тий час, пора́ и честь знать.

Любо́вь Андре́евна *(смеётся).* Ты всё така́я же, Ва́ря. *(Привлека́ет её к себе́ и целу́ет.)* Вот вы́пью ко́фе, тогда́ все уйдём. *(Фирс кладёт ей под ноги поду́шечку.)* Спаси́бо, родно́й. Я привы́кла к ко́фе. Пью его́ и днём, и но́чью. Спаси́бо, мой старичо́к. *(Целу́ет Фи́рса.)*

Ва́ря. Погляде́ть, все ли ве́щи привезли́... *(Ухо́дит.)*

Любо́вь Андре́евна. Неуже́ли э́то я сижу́? *(Смеётся.)* Мне хо́чется пры́гать, разма́хивать рука́ми. *(Закрыва́ет лицо́ рука́ми.)* А вдруг я сплю! Ви́дит Бог, я люблю́ ро́дину, люблю́ не́жно, я не могла́ смотре́ть из ваго́на, всё пла́кала. *(Сквозь слёзы.)* Одна́коже, на́до пить ко́фе. Спаси́бо тебе́, Фирс, спаси́бо, мой старичо́к. Я так ра́да, что ты ещё жив.

Фирс. Позавчера́.

Га́ев. Он пло́хо слы́шит.

Лопа́хин. Мне сейча́с, в пя́том часу́ утра́, в Ха́рьков е́хать. Така́я доса́да! Хоте́лось погляде́ть на вас, поговори́ть... Вы всё така́я же великоле́пная.

Пи́щик *(тяжело́ ды́шит.)* Да́же похороше́ла... Оде́та по-пари́жскому... пропада́й моя́ теле́га, все четы́ре колеса́...

Лопа́хин. Ваш брат, вот Леони́д Андре́ич, говори́т про меня́, что я хам, я кула́к, но э́то мне реши́тельно всё равно́. Пуска́й говори́т. Хоте́лось бы то́лько, чтобы вы мне ве́рили по-пре́жнему, чтобы ва́ши удиви́тельные, тро́гательные глаза́ гляде́ли на меня́, как пре́жде. Бо́же милосе́рдный! Мой оте́ц был крепостны́м у ва́шего де́да и отца́, но вы, со́бственно вы, сде́лали для меня́ когда́-то так мно́го, что я забы́л всё и люблю́ вас, как родну́ю... бо́льше, чем родну́ю.

Л ю б о́ в ь А н д р е́ е в н а. Я не могу́ усиде́ть, не в состоя́нии... *(Вска́кивает и хо́дит в си́льном волне́нии.)* Я не переживу́ э́той ра́дости... Сме́йтесь надо мно́й я глу́пая... Шка́фик мой родно́й... *(Целу́ет шкаф.)* Сто́лик мой...

Г а́ е в. А без тебя́ тут ня́ня умерла́.

Л ю б о́ в ь А н д р е́ е в н а. *(сади́тся и пьёт ко́фе).* Да, ца́рство небе́сное. Мне писа́ли.

Г а́ е в. И Анаста́сий у́мер. Петру́шка Косо́й от меня́ ушёл и тепе́рь в го́роде у при́става живёт. *(Вынима́ет из карма́на коро́бку с леденца́ми, сосёт.)*

П и́ щ и к. До́чка моя́, Да́шенька... вам кла́няется...

Л о п а́ х и н. Мне хо́чется сказа́ть вам что́-нибудь о́чень прия́тное, весёлое. *(Взгляну́в на часы́.)* Сейча́с уе́ду, не́когда разгова́ривать... ну, да я в двух-трёх слова́х. Вам уже́ изве́стно, вишнёвый сад ваш продаётся за долги́, на два́дцать второ́е а́вгуста назна́чены торги́, но вы не беспоко́йтесь, моя́ дорога́я, спи́те себе́ споко́йно, вы́ход есть... Вот мой прое́кт. Прошу́ внима́ния! Ва́ше име́ние нахо́дится то́лько в двадцати́ верста́х от го́рода, во́зле прошла́ желе́зная доро́га, и е́сли вишнёвый сад и зе́млю по реке́ разби́ть на да́чные уча́стки и отдава́ть пото́м в аре́нду под да́чи, то вы бу́дете име́ть са́мое ма́лое два́дцать пять ты́сяч в год дохо́да.

Г а́ е в. Извини́те, кака́я чепуха́!

Л ю б о́ в ь А н д р е́ е в н а. Я вас не совсе́м понима́ю, Ермола́й Алексе́ич.

Л о п а́ х и н. Вы бу́дете брать с да́чников са́мое ма́лое по два́дцать пять рубле́й в год за десяти́ну, и е́сли тепе́рь же объя́вите, то, я руча́юсь чем уго́дно, у вас до о́сени не оста́нется ни одного́ свобо́дного клочка́, всё разберу́т. Одни́м сло́вом, поздравля́ю, вы спасены́. Местоположе́ние чуде́сное, река́ глубо́кая. То́лько, коне́чно, ну́жно поубра́ть, почи́стить... наприме́р, скажем, снести все старые постройки, вот этот дом, который уже никуда не годится, вырубить старый вишнёвый сад...

Л ю б о в ь   А н д р е е в н а.   Вырубить? Милый мой, простите, вы ничего не понимаете. Если во всей губернии есть что-нибудь интересное, даже замечательное, так это только наш вишнёвый сад.

Л о п а х и н. Замечательного в этом саду только то, что оп очень большой. Вишпя родится раз в два года, да и ту девать некуда, никто не покупает.

Г а е в. И в «Энциклопедическом словаре» упоминается про этот сад.

Л о п а х и н *(взглянув на часы).* Если ничего не придумаем и ни к чему не придём, то двадцать второго августа и вишнёвый сад, и всё имение будут продавать с аукциона. Решайтесь же! Другого выхода нет, клянусь вам. Нет и нет.

Ф и р с. В прежнее время, лет сорок — пятьдесят назад, вишню сушили, мочили, мариновали, варёпье варили и, бывало...

Г а е в. Помолчи, Фирс.

Ф и р с. И бывало, сушёную вишню возами отправляли в Москву и в Харьков. Денег было! И сушёная вишпя тогда была мягкая, сочная, сладкая, душистая... Способ тогда знали...

Л ю б о в ь   А н д р е е в н а. А где же теперь этот способ?

Ф и р с. Забыли. Никто не помнит.

П и щ и к *(Любови Андреевне.)* Что в Париже? Как? Ели лягушек?

Л ю б о в ь   А н д р е е в н а   Крокодилов ела.

П и щ и к. Вы подумайте...

Л о п а х и н. До сих пор в деревне были только господа и мужики, а теперь появились ещё дачники. Все города, даже самые небольшие, окружены теперь дачами. И можно сказать, дачник лет через двадцать размножится до необычайности. Теперь он только чай пьёт на балконе, но ведь может случиться, что на своей

25

одно́й десяти́не он займётся хозя́йством, и тогда́ ваш вишнёвый сад ста́нет счастли́вым, бога́тым, роско́шным...

Г а́ е в *(возмуща́ясь)*. Кака́я чепуха́!

Вхо́дят В а́ р я и Я ш а.

В а́ р я. Тут, ма́мочка, вам две телегра́ммы. *(Выбира́ет ключ и со зво́ном отпира́ет стари́нный шкаф.)* Вот они́.

Л ю б о́ в ь   А н д р е́ е в н а. Это из Пари́жа. *(Рвёт телегра́ммы, не прочита́в.)* С Пари́жем ко́нчено...

Г а́ е в. А ты зна́ешь, Лю́ба, ско́лько э́тому шка́фу лет? Неде́лю наза́д я вы́двинул ни́жний я́щик, гляжу́, а там вы́жжены ци́фры. Шкаф сде́лан ро́вно сто лет тому́ наза́д. Каково́? А? Мо́жно бы́ло бы юбиле́й отпра́здновать. Предме́т неодушевлённый, а всё-таки, как-ника́к, кни́жный шкаф.

П и́ щ и к *(удивлённо)*. Сто лет... Вы поду́майте!...

Г а́ е в. Да... Это вещь... *(Ощу́пав шкаф.)* Дорого́й, многоуважа́емый шкаф! Приве́тствую твоё существова́ние, кото́рое вот уже́ бо́льше ста лет бы́ло напра́влено к све́тлым идеа́лам добра́ и справедли́вости; твой молчали́вый призы́в к плодотво́рной рабо́те не ослабева́л в тече́ние ста лет, подде́рживая *(сквозь слёзы)* в поколе́ниях на́шего ро́да бо́дрость, ве́ру в лу́чшее бу́дущее и воспи́тывая в нас идеа́лы добра́ и обще́ственного самосозна́ния. *(Па́уза.)*

Л о п а́ х и н. Да...

Л ю б о́ в ь   А н д р е́ е в н а. Ты всё тако́й же, Лёня.

Г а́ е в *(немно́го сконфу́женный)*. От шара́ напра́во в у́гол! Ре́жу в сре́днюю!

Л о п а́ х и н *(погляде́в на часы́)*. Ну, мне пора́.

Я ш а *(подаёт Любо́ви Андре́евне лека́рства)*. Мо́жет, при́мете сейча́с пилю́ли...

П и́ щ и к. Не на́до принима́ть медикаме́нты, миле́йшая... от них ни вреда́, ни по́льзы.. Да́йте-ка сюда́... многоуважа́емая. *(Берёт пилю́ли, высыпа́ет их себе́ на ладо́нь, ду́ет на них, кладёт в рот и запива́ет ква́сом.)* Вот!

Любо́вь Андре́евна *(испуга́нно)*. Да вы с ума́ сошли́!

Пи́щик. Все пилю́ли при́нял.

Лопа́хин. Экая про́рва. *(Все смею́тся.)*

Фирс. Они́ бы́ли у нас на Свято́й, полведра́ огурцо́в ску́шали... *(Бормо́чет.)*

Любо́вь Андре́евна. О чём э́то он?

Ва́ря. Уж три го́да так бормо́чет. Мы привы́кли.

Я́ша. Преклонный во́зраст.

Шарло́тта Ива́новна в бе́лом пла́тье, о́чень худа́я, стя́нутая, с лорне́ткой на по́ясе, прохо́дит че́рез сце́ну.

Лопа́хин. Прости́те, Шарло́тта Ива́новна, я не успе́л ещё поздоро́ваться с ва́ми. *(Хо́чет поцелова́ть у неё ру́ку.)*

Шарло́тта *(отнима́я ру́ку)*. Если позво́лить вам поцелова́ть ру́ку, то вы пото́м пожела́ете в ло́коть, пото́м в плечо́...

Лопа́хин. Не везёт мне сего́дня. *(Все смею́тся.)* Шарло́тта Ива́новна, покажи́те фо́кус!

Любо́вь Андре́евна. Шарло́тта, покажи́те фо́кус!

Шарло́тта. Не на́до. Я спать жела́ю. *(Ухо́дит).*

Лопа́хин. Че́рез три неде́ли уви́димся. *(Целу́ет Любо́ви Андре́евне ру́ку.)* Пока́ проща́йте. Пора́. *(Га́еву.)* До свида́ния. *(Целу́ется с Пи́щиком.)* До свида́ния. *(Подаёт ру́ку Ва́ре, пото́м Фи́рсу и Я́ше.)* Не хо́чется уезжа́ть. *(Любо́ви Андре́евне.)* Ежели наду́маете насчёт дач и реши́те, тогда́ да́йте знать, я взаймы́ ты́сяч пятьдеся́т доста́ну. Серьёзно поду́майте.

Ва́ря *(серди́то)*. Да уходи́те же, наконе́ц!

Лопа́хин. Ухожу́, ухожу́... *(Ухо́дит.)*

Га́ев. Хам. Впро́чем, пардо́н... Ва́ря выхо́дит за него́ за́муж, э́то Ва́рин женишо́к.

Ва́ря. Не говори́те, дя́дечка, ли́шнего.

Любо́вь Андре́евна. Что ж, Ва́ря, я бу́ду о́чень ра́да. Он хоро́ший челове́к.

Пи́щик. Челове́к, на́до пра́вду говори́ть... досто́йнейший... И моя Дашенька...тоже говорит, что... разные слова говорит. *(Храпит, но тотчас же просыпается.)* А всё-таки, многоуважаемая, одолжите мне... взаймы двести сорок рублей... завтра по закладной проценты платить...

В а́ р я *(испуганно)*. Нету, нету!

Л ю б о́ в ь А н д р е́ е в н а. У меня в самом деле нет ничего.

П и́ щ и к. Найдутся. *(Смеётся.)* Не теряю никогда надежды. Вот, думаю, уж всё пропало, погиб, ан глядь, — железная дорога по моей земле прошла, и... мне заплатили. А там, гляди, ещё что-нибудь случится не сегодня — завтра... Двести тысяч выиграет Дашенька... у неё билет есть.

Л ю б о́ в ь А н д р е́ е б н а. Кофе выпит, можно на покой.

Ф и р с *(чистит щёткой Гаева, наставительно)*. Опять не те брючки надели. И что мне с вами делать!

В а́ р я *(тихо)*. Аня спит. *(Тихо отворяет окно.)* Уже взошло солнце, нехолодно. Взгляните, мамочка: какие чудесные деревья! Боже мой, воздух! Скворцы поют!

Г а́ е в *(отворяет другое окно)*. Сад весь белый. Ты не забыла, Люба? Вот эта длинная аллея идёт прямо-прямо, точно протянутый ремень, она блестит в лунные ночи. Ты помнишь? Не забыла?

Л ю б о́ в ь А н д р е́ е в н а *(глядит в окно на сад)*. О, моё детство, чистота моя! В этой детской я спала, глядела отсюда на сад, счастье просыпалось вместе со мною каждое утро, и тогда он был точно таким, ничто не изменилось. *(Смеётся от радости.)* Весь, весь белый! О, сад мой! После тёмной ненастной осени и холодной зимы опять ты молод, полон счастья, ангелы небесные не покинули тебя... Если бы снять с груди и с плеч моих тяжёлый камень, если бы я могла забыть моё прошлое!

Г а́ е в. Да, и сад продадут за долги, как это ни странно...

Любовь Андреевна. Посмотрите, покойная мама идёт по саду... в белом платье! *(Смеётся от радости.)* Это она.

Гаев. Где?

Варя. Господь с вами, мамочка.

Любовь Андреевна. Никого нет, мне показалось. Направо, на повороте к беседке, белое деревцо склонилось, похоже на женщину...

Входит Трофимов в поношенном студенческом мундире, в очках.

Любовь Андреевна. Какой изумительный сад! Белые массы цветов, голубое небо...

Трофимов. Любовь Андреевна! *(Она оглянулась на него).* Я только поклонюсь вам и тотчас же уйду. *(Горячо целует руку.)* Мне приказано было ждать до утра, но у меня не хватило терпения...

Любовь Андреевна глядит с недоумением.

Варя *(сквозь слёзы).* Это Петя Трофимов...

Трофимов. Петя Трофимов, бывший учитель вашего Гриши... Неужели я так изменился?

Любовь Андреевна обнимает его и тихо плачет.

Гаев *(смущённо).* Полно, полно, Люба.

Варя *(плачет).* Говорила ведь, Петя, чтобы погодили до завтра.

Любовь Андреевна. Гриша мой... мой мальчик... Гриша... сын...

Варя. Что же делать, мамочка. Воля Божья.

Трофимов *(мягко, сквозь слёзы).* Будет, будет...

Любовь Андреевна *(тихо плачет).* Мальчик погиб, утонул... Для чего? Для чего, мой друг? *(Тише.)* Там Аня спит, а я громко говорю... поднимаю шум... Что же, Петя? Отчего вы так подурнели? Отчего постарели?

Трофимов. Меня в вагоне одна баба назвала так: облезлый барин.

Л ю б о в ь   А н д р е е в н а. Вы были тогда совсем мальчиком, милым студентиком, а теперь волосы негустые, очки. Неужели вы всё ещё студент? *(Идёт к двери.)*

Т р о ф и м о в. Должно быть, я буду вечным студентом.

Л ю б о в ь   А н д р е е в н а *(целует брата, потом Варю).* Ну, идите спать... Постарел и ты, Леонид.

П и щ и к *(идёт за ней).* Значит, теперь спать... Ох, подагра моя. Я у вас останусь... Мне бы, Любовь Андреевна, душа моя, завтра утречком... двести сорок рублей...

Г а е в. А этот всё своё.

П и щ и к. Двести сорок рублей... проценты по закладной платить.

Л ю б о в ь   А н д р е е в н а. Нет у меня денег, голубчик.

П и щ и к. Отдам, милая... Сумма пустяшная...

Л ю б о в ь   А н д р е е в н а. Ну, хорошо, Леонид даст... Ты дай, Леонид.

Г а е в. Дам я ему, держи карман.

Л ю б о в ь   А н д р е е в н а. Что же делать, дай... Ему нужно... Он отдаст.

Любовь Андреевна, Трофимов, Пищик и Фирс уходят. Остаются Гаев, Варя и Яша.

Г а е в. Сестра не отвыкла ещё сорить деньгами. *(Яше.)* Отойди, любезный, от тебя курицей пахнет.

Я ш а *(с усмешкой).* А вы, Леонид Андреевич, всё такой же, как были.

Г а е в. Кого? *(Варе.)* Что он сказал?

В а р я *(Яше).* Твоя мать пришла из деревни, со вчерашнего дня сидит в людской, хочет повидаться...

Я ш а. Бог с ней совсем!

В а р я. Ах, бесстыдник!

Я ш а. Очень нужно. Могла бы и завтра прийти. *(Уходит.)*

В а р я. Мамочка такая же, как была, нисколько не изменилась. Если б ей волю, она бы всё раздала.

Г а е в. Да... *(Пауза.)* Если против какой-нибудь болезни предлагается очень много средств, то это значит, что болезнь неизлечима. Я думаю, напрягаю мозги, у меня много средств, очень много и, значит, в сущности, ни одного. Хорошо бы получить от кого-нибудь наследство, хорошо бы выдать нашу Аню за очень богатого человека, хорошо бы поехать в Ярославль и попытать счастья у тётушки-графини. Тётка ведь очень, очень богата.

В а р я *(плачет)*. Если бы Бог помог.

Г а е в. Не реви. Тётка очень богата, но нас она не любит. Сестра во-первых, вышла замуж, за присяжного поверенного, не дворянина...

Аня показывается в дверях.

Г а е в. Вышла за не дворянина и вела себя, нельзя сказать, чтобы очень добродетельно. Она хорошая, добрая, славная, я её очень люблю, но, как там ни придумывай смягчающие обстоятельства, всё же, надо сознаться, она порочна. Это чувствуется в её малейшем движении.

В а р я *(шёпотом)*. Аня стоит в дверях.

Г а е в. Кого? *(Пауза.)* Удивительно, мне что-то в правый глаз попало... плохо стал видеть. И в четверг, когда я был в окружном суде...

Входит А н я.

В а р я. Что же ты не спишь, Аня?

А н я. Не спится. Не могу.

Г а е в. Крошка моя. *(Целует Ане лицо, руки.)* Дитя моё... *(Сквозь слёзы.)* Ты не племянница, ты мой ангел, ты для меня всё. Верь мне, верь...

А н я. Я верю тебе, дядя. Тебя все любят, уважают... но, милый дядя, тебе надо молчать, только молчать. Что ты говорил только что про мою маму, про свою сестру? Для чего ты это говорил?

31

Г а е в. Да, да... *(Её рукой закрывает себе лицо.)* В самом деле, это ужасно! Боже мой! Боже, спаси меня! И сегодня я речь говорил перед шкафом... так глупо! И только когда кончил, понял, что глупо.

В а р я. Правда, дядечка, вам надо бы молчать. Молчите себе и всё.

А н я. Если будешь молчать, то тебе же самому будет покойнее.

Г а е в. Молчу. *(Целует Ане и Варе руки.)* Молчу. Только вот о деле. В четверг я был в окружном суде, ну, сошлась компания, начался разговор о том, о сём, пятое-десятое, и, кажется, вот можно будет устроить заём под векселя, чтобы заплатить проценты в банк.

В а р я. Если бы Господь помог!

Г а е в. Во вторник поеду, ещё раз поговорю. *(Варе.)* Не реви. *(Ане.)* Твоя мама поговорит с Лопахиным; он, конечно, ей не откажет... А ты, как отдохнёшь, поедешь в Ярославль к графине, твоей бабушке. Вот так и будем действовать с трёх концов — и дело наше в шляпе. Проценты мы заплатим, я убеждён... *(Кладёт в рот леденец.)* Честью моей, чем хочешь клянусь, имение не будет продано! *(Возбуждённо.)* Счастьем моим клянусь! Вот тебе моя рука, назови меня тогда дрянным, бесчестным человеком, если я допущу до аукциона! Всем существом моим клянусь!

А н я *(спокойное настроение вернулось к ней, она счастлива)*. Какой ты хороший, дядя, какой умный! *(Обнимает дядю.)* Я теперь покойна! Я покойна! Я счастлива!

Входит Ф и р с.

Ф и р с *(укоризненно)*. Леонид Андреич, Бога вы не бойтесь! Когда же спать?

Г а е в. Сейчас, сейчас. Ты уходи, Фирс. Я уж, так и быть, сам разденусь. Ну, детки, бай-бай... Подробности завтра, а теперь идите спать. *(Целует Аню и Варю.)* Я человек восьмидесятых годов… Не хвалят это время, но всё же, могу сказать, за убеждения мне доставалось немало в жизни. Недаром меня мужик любит. Мужика надо знать! Надо знать, с какой…

А н я. Опять ты, дядя!

В а р я. Вы, дядечка, молчите.

Ф и р с *(сердито).* Леонид Андреич!

Г а е в. Иду, иду… Ложитесь. От двух бортов в середину! Кладу чистого… *(Уходит, за ним семенит Фирс.)*

А н я. Я теперь покойна. В Ярославль ехать не хочется, я не люблю бабушку, но всё же я покойна. Спасибо дяде. *(Садится.)*

В а р я. Надо спать. Пойду. А тут без тебя было неудовольствие. В старой людской, как тебе известно, живут одни старые слуги: Ефимьюшка, Поля, Евстигней, ну и Карп. Стали они пускать к себе ночевать каких-то проходимцев — я промолчала. Только вот, слышу, распустили слух, будто я велела кормить их одним только горохом. От скупости, видишь ли… И это всё Евстигней… Хорошо, думаю. Коли так, думаю, то погоди же. Зову я Евстигнея… *(Зевает.)* Приходит… Как же ты, говорю, Евстигней… дурак ты этакой… *(Поглядев на Аню.)* Анечка!.. *(Пауза.)* Заснула… *(Берёт Аню под руку.)* Пойдём в постельку… Пойдём!.. *(Ведёт её.)* Душечка моя уснула! Пойдём… *(Идут.)*

Далеко за садом пастух играет на свирели. Т р о ф и м о в идёт через сцену и, увидев Варю и Аню, останавливается.

В а р я. Тссс… Она спит… спит… Пойдём, родная.

А н я *(тихо, в полусне).* Я так устала… всё колокольчики… Дядя… милый, и мама и дядя…

В а р я. Пойдём, родная, пойдём… *(Уходят в комнату Ани.)*

Т р о ф и м о в *(в умилении).* Солнышко моё! Весна моя!

Занавес

ДЕЙСТВИЕ ВТОРОЕ

Поле. Старая, покривившаяся, давно заброшенная часовенка, возле неё колодец, большие камни, когда-то бывшие, по-видимому, могильными плитами, и старая скамья. Видна дорога в усадьбу Гаева. В стороне, возвышаясь, темнеют тополи: там начинается вишнёвый сад. Вдали ряд телеграфных столбов, и далеко-далеко, на горизонте неясно обозначается большой город, который бывает виден только в очень хорошую, ясную погоду. Скоро сядет солнце. Ш а р л о т т а, Я ш а и Д у н я ш а сидят на скамье; Е п и х о д о в стоит возле и играет на гитаре что-то грустное, все сидят задумавшись. Ш а р л о т т а в старой фуражке; она сняла с плеч ружьё и поправляет пряжку на ремне.

Ш а р л о т т а *(в раздумье)*. У меня нет настоящего паспорта, я не знаю, сколько мне лет, и мне всё кажется, что я молоденькая. Когда я была маленькой девочкой, то мой отец и мамаша ездили по ярмаркам и давали представления, очень хорошие. А я прыгала salto-mortale и разные штучки. И когда папаша и мамаша умерли, меня взяла к себе одна немецкая госпожа и стала меня учить. Хорошо. Я выросла, потом пошла в гувернантки. А откуда я и кто я, — не знаю... Кто мои родители, может, они не венчались... не знаю. *(Достаёт из кармана огурец и ест.)* Ничего не знаю. *(Пауза.)* Так хочется поговорить, а не с кем... Никого у меня нет.

Е п и х о д о в *(играет на гитаре и поёт)*. «Что мне до шумного света, что мне друзья и враги...» Как приятно играть на мандолине!

Д у н я ш а. Это гитара, а не мандолина. *(Глядится в зеркальце и пудрится.)*

Е п и х о д о в. Для безумца, который влюблён, это мандолина... *(Напевает.)* «Было бы сердце согрето жаром взаимной любви...»

Яша подпевает.

Ш а р л о т т а. Ужасно поют эти люди... фуй! Как шакалы.

34

Д у н я ш а *(Яше)*. Всё-таки какое счастье побывать за границей.

Я ш а. Да, конечно. Не могу с вами не согласиться. *(Зевает, потом закуривает сигару.)*

Е п и х о д о в. Понятное дело. За границей всё давно уже в полной комплекции.

Я ш а. Само собой.

Е п и х о д о в. Я развитой человек, читаю разные замечательные книги, но никак не могу понять направления, чего мне собственно хочется, жить мне или застрелиться, собственно говоря, но тем не менее, я всегда ношу при себе револьвер. Вот он... *(Показывает револьвер.)*

Ш а р л о т т а. Кончила. Теперь пойду. *(Надевает ружьё.)* Ты, Епиходов, очень умный человек и очень страшный; тебя должны безумно любить женщины. Бррр! *(Идёт.)* Эти умники все такие глупые, не с кем мне поговорить... Всё одна, одна, никого у меня нет и... и кто я, зачем я, неизвестно... *(Уходит неспеша.)*

Е п и х о д о в. Собственно говоря, но касаясь других предметов, я должен выразиться о себе, между прочим, что судьба относится ко мне без сожаления, как буря к небольшому кораблю. Если, допустим, я ошибаюсь, тогда зачем же сегодня утром я просыпаюсь, к примеру сказать, гляжу, а у меня на груди страшной величины паук... Вот такой. *(Показывает обеими руками.)* И тоже квасу возьмёшь, чтобы напиться, а там, глядишь, что-нибудь в высшей степени неприличное, вроде таракана. *(Пауза.)* Вы читали Бокля? *(Пауза.)* Я желаю побеспокоить вас, Авдотья Фёдоровна, на пару слов.

Д у н я ш а. Говорите.

Е п и х о д о в. Мне бы желательно с вами наедине... *(Вздыхает.)*

Д у н я ш а *(смущённо)*. Хорошо... только сначала принесите мне мою тальмочку... Она около шкафа... тут немножко сыро...

Е п и х о́ д о в. Хорошо́-с... принесу́-с... Тепе́рь
я зна́ю, что мне де́лать с мои́м револьве́ром... (Берёт
гита́ру и ухо́дит наи́грывая.)
Я ш а. Два́дцать два несча́стья! Глу́пый челове́к,
ме́жду на́ми говоря́. (Зева́ет.)
Д у н я́ ш а. Не дай Бог застре́лится. (Па́уза.)
Я ста́ла трево́жная, всё беспоко́юсь. Меня́ ещё де́вочкой
взя́ли к господа́м, я тепе́рь отвы́кла от просто́й жи́зни,
и вот ру́ки бе́лые-бе́лые, как у ба́рышни. Не́жная ста́ла,
така́я делика́тная, благоро́дная, всего́ бою́сь... Стра́шно
так. И е́сли вы, Яша, обма́нете меня́, то я не зна́ю, что
бу́дет с мои́ми не́рвами.
Я ш а (целу́ет ее). Огу́рчик! Коне́чно, ка́ждая де́-
вушка должна́ себя́ по́мнить, и я бо́льше всего́ не люблю́,
е́жели де́вушки дурно́го поведе́ния.
Д у н я́ ш а. Я стра́стно полюби́ла вас, вы образо́-
ванный, мо́жете обо всём рассужда́ть. (Па́уза.)
Я ш а (зева́ет). Да-с... По-мо́ему, так: е́жели де́-
вушка кого́ лю́бит, то она́, зна́чит, безнра́вственная.
(Па́уза.) Прия́тно вы́курить сига́ру на чи́стом во́зду-
хе... (Прислу́шивается.) Сюда́ иду́т... Это господа́...

Дуня́ша поры́висто обнима́ет его́.

Я ш а. Иди́те домо́й, бу́дто ходи́ли на́ реку купа́ться,
иди́те э́той доро́жкой, а то встре́тятся и поду́мают про
меня́, бу́дто я с ва́ми на свида́нии. Терпе́ть э́того не
могу́.
Д у н я́ ш а (ти́хо ка́шляет). У меня́ от сига́ры го-
лова́ разболе́лась... (Ухо́дит.)

Яша остаётся, сиди́т во́зле часо́вни. Вхо́дят Л ю б о́ в ь А н д р е́-
е в н а, Г а́ е в и Л о п а́ х и н.

Л о п а́ х и н. На́до оконча́тельно реши́ть, — вре́мя
не ждёт. Вопро́с ведь совсе́м пусто́й. Согла́сны вы от-
да́ть зе́млю под да́чи и́ли нет? Отве́тьте одно́ сло́во:
да и́ли нет? То́лько одно́ сло́во!
Л ю б о́ в ь А н д р е́ е в н а. Кто э́то здесь ку́рит
отврати́тельные сига́ры... (Сади́тся.)

Г а е в. Вот железную дорогу построили, и стало удобно. *(Садится.)* Съездили в город и позавтракали... жёлтого в середину! Мне бы сначала пойти в дом, сыграть одну партию...

Л ю б о в ь А н д р е е в н а. Успеешь.

Л о п а х и н. Только одно слово! *(Умоляюще.)* Дайте же мне ответ!

Г а е в *(зевая)*. Кого?

Л ю б о в ь А н д р е е в н а *(глядит в своё портмоне)*. Вчера было много денег, а сегодня совсем мало. Бедная моя Варя из экономии кормит всех молочным супом, на кухне старикам дают один горох, а я трачу как-то бессмысленно... *(Уронила портмоне, рассыпала золотые.)* Ну, посыпались... *(Ей досадно.)*

Я ш а. Позвольте, я сейчас подберу. *(Собирает монеты.)*

Л ю б о в ь А н д р е е в н а. Будьте добры, Яша. И зачём я поехала завтракать... Дрянной ваш ресторан с музыкой, скатерти пахнут мылом... Зачём так много пить, Лёня? Зачём так много есть? Зачём так много говорить? Сегодня в ресторане ты говорил опять много и всё некстати. О семидесятых годах, о декадентах. И кому? Половым говорить о декадентах!

Л о п а х и н. Да.

Г а е в *(машет рукой)*. Я неисправим, это очевидно... *(Раздражённо Яше.)* Что такое, постоянно вертишься перед глазами...

Я ш а *(смеётся)*. Я не могу без смеха вашего голоса слышать.

Г а е в *(сестре)*. Или я, или он...

Л ю б о в ь А н д р е е в н а. Уходите, Яша, ступайте...

Я ш а *(отдаёт Любови Андреевне кошелёк)*. Сейчас уйду. *(Едва удерживается от смеха.)* Сию минуту... *(Уходит.)*

Л о п а х и н. Ваше имение собирается купить богач Дериганов. На торги, говорят, приедет сам лично.

Л ю б о в ь А н д р е е в н а. А вы откуда слышали?

37

Л о п а х и н. В городе говорят.

Г а е в. Ярославская тётушка обещала прислать, а когда и сколько пришлёт, неизвестно...

Л о п а х и н. Сколько она пришлёт? Тысяч сто? Двести?

Л ю б о в ь А н д р е е в н а. Ну... Тысяч десять — пятнадцать, и на том спасибо.

Л о п а х и н. Простите, таких легкомысленных людей, как вы, господа, таких неделовых, странных, я ещё не встречал. Вам говорят русским языком, имение ваше продаётся, а вы точно не понимаете.

Л ю б о в ь А н д р е е в н а. Что же нам делать? Научите, что?

Л о п а х и н. Я вас каждый день учу. Каждый день я говорю всё одно и то же.. И вишнёвый сад, и землю необходимо отдать в аренду под дачи, сделать это теперь же, поскорее, — аукцион на носу! Поймите! Раз окончательно решите, чтоб были дачи, так денег вам дадут сколько угодно, и вы тогда спасены.

Л ю б о в ь А н д р е е в н а. Дачи и дачники — это так пошло, простите.

Г а е в. Совершенно с тобой согласен.

Л о п а х и н. Я или зарыдаю, или закричу, или в обморок упаду. Не могу! Вы меня замучили! (Гаеву.) Баба вы!

Г а е в. Кого?

Л о п а х и н. Баба! (Хочет уйти.)

Л ю б о в ь А н д р е е в н а (испуганно). Нет, не уходите, останьтесь, голубчик. Прошу вас. Может быть, надумаем что-нибудь!

Л о п а х и н. О чём тут думать!

Л ю б о в ь А н д р е е в н а. Не уходите, прошу вас. С вами всё-таки веселее... (Пауза.) Я всё жду чего-то, как будто над нами должен обвалиться дом.

Г а е в (в глубоком раздумье). Дуплет в угол... Круазе в середину...

Л ю б о в ь А н д р е е в н а. Уж очень много мы грешили...

Л о п а́ х и н. Каки́е у вас грехи́...

Г а́ е в (кладёт в рот леденец.) Говоря́т, что я всё своё состоя́ние прое́л на леденца́х... (Смеётся.)

Л ю б о́ в ь А н д р е́ е в н а. О, мои́ грехи́... Я всегда́ сори́ла деньга́ми без у́держу, как сумасше́дшая, и вы́шла за́муж за челове́ка, кото́рый де́лал одни́ то́лько долги́. Мой муж у́мер от шампа́нского, — он стра́шно пил, — и на несча́стье я полюби́ла друго́го, сошла́сь, и как раз в э́то вре́мя, — э́то бы́ло пе́рвое наказа́ние, уда́р пря́мо в го́лову, — вот тут на реке́... утону́л мой ма́льчик, и я уе́хала за грани́цу, совсе́м уе́хала, что́бы никогда́ не возвраща́ться, не ви́деть э́той реки́... Я закры́ла глаза́, бежа́ла, себя́ не по́мня, а он за мной... безжа́лостно, гру́бо. Купи́ла я да́чу во́зле Менто́ны, так как он заболе́л там, и три го́да я не зна́ла о́тдыха ни днём, ни но́чью; больно́й изму́чил меня́, душа́ моя́ вы́сохла. А в про́шлом году́, когда́ да́чу про́дали за долги́, я уе́хала в Пари́ж, и там он обобра́л меня́, бро́сил, сошёлся с друго́й, я пробовала отрави́ться... Так глу́по, так сты́дно... И потяну́ло вдруг в Росси́ю, на ро́дину, к де́вочке мое́й... (Утира́ет слёзы.) Го́споди, Го́споди, будь ми́лостив, прости́ мне грехи́ мои́! Не нака́зывай меня́ бо́льше! (Достаёт из карма́на телегра́мму.) Получи́ла сего́дня из Пари́жа... Про́сит проще́ния, умоля́ет верну́ться... (Рвёт телегра́мму.) Сло́вно где-то му́зыка. (Прислу́шивается.)

Г а́ е в. Это наш знамени́тый евре́йский орке́стр. По́мнишь, четы́ре скри́пки, фле́йта и контраба́с.

Л ю б о́ в ь А н д р е́ о в н а. Он ещё существу́ет? Его́ бы к нам зазва́ть ка́к-нибудь, устро́ить вечеро́к.

Л о п а́ х и н (прислу́шивается.) Не слыха́ть... (Ти́хо напева́ет.) «И за де́ньги русака́ не́мцы офранцу́зят». (Смеётся.) Каку́ю я вчера́ пье́су смотре́л в теа́тре, о́чень смешно́.

Л ю б о́ в ь А н д р е́ е в н а. И, наве́рное, ничего́ нет смешно́го. Вам не пье́сы смотре́ть, а смотре́ть бы поча́ще на сами́х себя́. Как вы все се́ро живёте, как мно́го говори́те нену́жного.

Л о п а́ х и н. Это пра́вда. На́до пря́мо говори́ть, жизнь у нас дура́цкая... *(Па́уза.)* Мой папа́ша был мужи́к, идио́т, ничего́ не понима́л, меня́ не учи́л, а то́лько бил спья́на, и всё па́лкой. В су́щности, и я тако́й же болва́н и идио́т. Ничему́ не обуча́лся, по́черк у меня́ скве́рный, пишу́ я так, что от люде́й со́вестно, как свинья́.

Л ю б о́ в ь   А н д р е́ е в н а. Жени́ться вам ну́жно, мой друг.

Л о п а́ х и н. Да... Это пра́вда.

Л ю б о́ в ь   А н д р е́ е в н а. На на́шей бы Ва́ре. Она́ хоро́шая де́вушка.

Л о п а́ х и н. Да.

Л ю б о́ в ь   А н д р е́ е в н а. Она́ у меня́ из просты́х, рабо́тает це́лый день, а гла́вное, вас лю́бит. Да и ва́м-то давно́ нра́вится.

Л о п а́ х и н. Что же? Я непро́чь... Она́ хоро́шая де́вушка. *(Па́уза.)*

Г а́ е в. Мне предлага́ют ме́сто в ба́нке. Шесть ты́сяч в год... Слыха́ла?

Л ю б о́ в ь   А н д р е́ е в н а. Где тебе́! Сиди́ уж...

Ф и р с вхо́дит; он принёс пальто́.

Ф и р с *(Га́еву)*. Изво́льте, су́дарь, наде́ть, а то сы́ро.

Г а́ е в *(надева́ет пальто́)*. Надое́л ты, брат.

Ф и р с. Не́чего там... У́тром уе́хали не сказа́вшись. *(Огля́дывает его́.)*

Л ю б о́ в ь   А н д р е́ е в н а. Как ты постаре́л, Фирс!

Ф и р с. Чего́ изво́лите?

Л о п а́ х и н. Говоря́т, ты постаре́л о́чень!

Ф и р с. Живу́ давно́. Меня́ жени́ть собира́лись, а ва́шего папа́ши ещё на све́те не́ было... *(Смеётся.)* А во́ля вы́шла, я уже́ ста́ршим камерди́нером был. Тогда́ я не согласи́лся на во́лю, оста́лся при господа́х... *(Па́уза.)* И по́мню, все ра́ды, а чему́ ра́ды, и са́ми не зна́ют.

Л о п а́ х и н. Пре́жде о́чень хорошо́ бы́ло. По кра́йней ме́ре, дра́ли.

Ф и р с *(не расслышав).* А ещё бы. Мужики́ при господа́х, господа́ при мужика́х, а тепе́рь все враздро́бь, не поймёшь ничего́.

Г а е в. Помолчи́, Фирс. За́втра мне ну́жно в го́род. Обеща́ли познако́мить с одни́м генера́лом, кото́рый мо́жет дать под ве́ксель.

Л о п а́ х и н. Ничего́ у вас не вы́йдет. И не запла́тите вы проце́нтов, бу́дьте поко́йны.

Л ю б о́ в ь   А н д р е́ е в н а. Это он бре́дит. Никаки́х генера́лов нет.

Вхо́дят **Т р о ф и́ м о в, А н я** и **В а́ р я.**

Г а е в. А вот и на́ши иду́т.

А н я. Ма́ма сиди́т.

Л ю б о́ в ь   А н д р е́ о в н а *(не́жно).* Иди́, иди́... Родны́е мои́... *(Обнима́я Аню и Ва́рю.)* Если бы вы о́бе зна́ли, как я вас люблю́. Сади́тесь ря́дом, вот так. *(Все уса́живаются.)*

Л о п а́ х и н. Наш ве́чный студе́нт всё с ба́рышнями хо́дит.

Т р о ф и́ м о в. Не ва́ше де́ло.

Л о п а́ х и н. Ему́ пятьдеся́т лет ско́ро, а он всё ещё студе́нт.

Т р о ф и́ м о в. Оста́вьте ва́ши дура́цкие шу́тки.

Л о п а́ х и н. Что же ты, чуда́к, се́рдишься?

Т р о ф и́ м о в. А ты не пристава́й.

Л о п а́ х и н *(смеётся).* Позво́льте вас спроси́ть, как вы обо мне понима́ете?

Т р о ф и́ м о в. Я, Ермола́й Алексе́ич, так понима́ю: вы бога́тый челове́к, бу́дете ско́ро миллионе́ром. Вот как в смы́сле обме́на веще́ств ну́жен хи́щный зверь, кото́рый съеда́ет всё, что попада́ется ему́ на пути́, так и ты ну́жен. *(Все смею́тся.)*

В а́ р я. Вы, Пе́тя, расскажи́те лу́чше о плане́тах.

Л ю б о́ в ь   А н д р е́ е в н а. Нет, дава́йте продо́лжим вчера́шний разгово́р.

Т р о ф и́ м о в. О чём э́то?

Г а е в. О го́рдом челове́ке.

Т р о ф и м о в. Мы вчера говорили долго, но ни к чему не пришли. В гордом человеке, в вашем смысле, есть что-то мистическое. Быть может, вы и правы по-своему, но если рассуждать попросту, без затей, то какая там гордость, есть ли в ней смысл, если человек физиологически устроен неважно, если в своём громадном большинстве он груб, неумён, глубоко несчастлив. Надо перестать восхищаться собой. Надо бы только работать.

Г а е в. Всё равно умрёшь.

Т р о ф и м о в. Кто знает? И что значит — умрёшь? Быть может, у человека сто чувств, и со смертью погибают только пять, известных нам, а остальные девяносто пять остаются живы.

Л ю б о в ь А н д р е е в н а. Какой вы умный, Петя!...

Л о п а х и н *(иронически).* Страсть!

Т р о ф и м о в. Человечество идёт вперёд, совершенствуя свои силы. Всё, что недосягаемо для него теперь, когда-нибудь станет близким, понятным, только вот надо работать, помогать всеми силами тем, кто ищет истину. У нас, в России, работают пока очень немногие. Громадное большинство той интеллигенции, какую я знаю, ничего не ищет, ничего не делает и к труду пока не способно. Называют себя интеллигенцией, а прислуге говорят «ты», с мужиками обращаются, как с животными, учатся плохо, серьёзно ничего не читают, ровно ничего не делают, о науках только говорят, в искусстве понимают мало. Все серьёзны, у всех строгие лица, все говорят только о важном, философствуют, а между тем у всех на глазах рабочие едят отвратительно, спят без подушек, по тридцати, по сорока в одной комнате, везде клопы, смрад, сырость, нравственная нечистота... И, очевидно, все хорошие разговоры у нас для того только, чтобы отвести глаза себе и другим. Укажите мне, где у нас ясли, о которых говорят так много и часто, где читальни? О них только в романах пишут, на деле же их нет совсем. Есть только грязь, пошлость, азиатчина... Я боюсь и не люблю очень серьёзных физиономий, боюсь серьёзных разговоров. Лучше помолчим!

Л о п а х и н. Знаете, я встаю в пятом часу утра, работаю с утра до вечера, ну, у меня постоянно деньги свои и чужие, и я вижу, какие кругом люди. Надо только начать делать что-нибудь, чтобы понять, как мало честных, порядочных людей. Иной раз, когда не спится, я думаю: «Господи, Ты дал нам громадные леса, необъятные поля, глубочайшие горизонты, и, живя тут, мы сами должны бы по-настоящему быть великанами...»

Л ю б о в ь А н д р е е в н а. Вам понадобились великаны... Они только в сказках хороши, а так они пугают.

В глубине сцены проходит Епиходов и тихо, грустно играет на гитаре.

Л ю б о в ь А н д р е е в н а (задумчиво). Епиходов идёт...

А н я (задумчиво). Епиходов идёт...

Г а е в. Солнце село, господа.

Т р о ф и м о в. Да.

Г а е в (негромко, как бы декламируя). О, природа, дивная, ты блещешь вечным сиянием, прекрасная и равнодушная, ты, которую мы называем матерью, сочетаешь в себе бытие и смерть, ты живишь и разрушаешь...

В а р я (умоляюще). Дядечка!

А н я. Дядя, ты опять!

Т р о ф и м о в. Вы лучше жёлтого в середину дуплетом.

Г а е в. Я молчу, молчу.

Все сидят, задумались. Тишина. Слышно только, как тихо бормочет Фирс. Вдруг раздаётся отдалённый звук, точно с неба, звук лопнувшей струны, замирающий, печальный.

Л ю б о в ь А н д р е е в н а. Это что?

Л о п а х и н. Не знаю. Где-нибудь далеко в шахтах сорвалась бадья. Но где-нибудь очень далеко.

Г а е в. А мо́жет быть, пти́ца кака́я-нибудь... вро́де ца́пли.

Т р о ф и́ м о в. Или фи́лин...

Л ю б о́ в ь А н д р е́ е в н а *(вздра́гивает).* Непри-я́тно почему́-то. *(Па́уза.)*

Ф и р с. Пе́ред несча́стьем то же бы́ло: и сова́ крича́ла, и самова́р гуде́л бе́сперечь.

Г а е в. Пе́ред каки́м несча́стьем?

Ф и р с. Пе́ред во́лей. *(Па́уза.)*

Л ю б о́ в ь А н д р е́ е в н а. Зна́ете, друзья́, пойдёмте, уже́ вечере́ет. *(Ане.)* У тебя́ на глаза́х слёзы... Что ты, де́вочка? *(Обнима́ет её.)*

А н я. Это так, ма́ма. Ничего́.

Т р о ф и́ м о в. Кто́-то идёт.

Пока́зывается прохо́жий в бе́лой пота́сканной фура́жке, в пальто́; он слегка́ пьян.

П р о х о́ ж и й. Позво́льте вас спроси́ть, могу́ ли я пройти́ здесь пря́мо на ста́нцию?

Г а е в. Мо́жете. Иди́те по э́той доро́ге.

П р о х о́ ж и й. Чувстви́тельно вам благода́рен. *(Ка́шлянув.)* Пого́да превосхо́дная... *(Деклами́рует.)* Брат мой, страда́ющий брат... Выдь на Во́лгу, чей стон... *(Ва́ре.)* Мадемуазе́ль, позво́льте голо́дному россия́нину копе́ек три́дцать...

В а́ р я испуга́лась, вскри́кивает.

Л о п а́ х и н *(серди́то).* Вся́кому безобра́зию есть своё прили́чие.

Л ю б о́ в ь А н д р е́ е в н а *(оторопе́в).* Возьми́-те... вот вам... *(Ищет в портмоне́.)* Серебра́ нет... Всё равно́, вот вам золото́й...

П р о х о́ ж и й. Чувстви́тельно вам благода́рен! *(Ухо́дит.)*

Смех.

В а́ р я *(испу́ганная).* Я уйду́... я уйду́... Ах, ма́мочка, до́ма лю́дям есть не́чего, а вы ему́ о́тдали золото́й.

Любо́вь Андре́евна. Что ж со мной, глу́пой, де́лать! Я тебе́ до́ма отда́м всё, что у меня́ есть. Ермола́й Алексе́ич, дади́те мне ещё взаймы́!...

Лопа́хин. Слу́шаю.

Любо́вь Андре́евна. Пойдёмте, господа́, пора́. А тут, Ва́ря, мы тебя́ совсе́м просва́тали, поздравля́ю.

Ва́ря *(сквозь слёзы).* Этим, ма́ма, шути́ть нельзя́.

Лопа́хин. Охме́лия, иди́ в монасты́рь...

Га́ев. А у меня́ дрожа́т ру́ки: давно́ не игра́л на билья́рде.

Лопа́хин. Охме́лия, о, ни́мфа, помяни́ меня́ в твои́х моли́твах!

Любо́вь Андре́евна. Идёмте, господа́. Ско́ро у́жинать.

Ва́ря. Напуга́л он меня́. Се́рдце так и стучи́т.

Лопа́хин. Напомина́ю вам, господа́: два́дцать второ́го а́вгуста бу́дет продава́ться вишнёвый сад. Ду́майте об э́том!... Ду́майте!...

Ухо́дят все, кро́ме Трофи́мова и Ани.

Аня *(смея́сь).* Спаси́бо прохо́жему, напуга́л Ва́рю, тепе́рь мы одни́.

Трофи́мов. Ва́ря бои́тся, а вдруг мы полю́бим друг дру́га, и це́лые дни не отхо́дит от нас. Она́ свое́й у́зкой голово́й не мо́жет поня́ть, что мы вы́ше любви́. Обойти́ то ме́лкое и призра́чное, что меша́ет быть свобо́дным и счастли́вым, вот цель и смысл на́шей жи́зни. Вперёд! Мы идём неудержи́мо к я́ркой звезде́, кото́рая гори́т там вдали́! Вперёд! Не отстава́й, друзья́!

Аня *(вспле́скивая рука́ми).* Как хорошо́ вы говори́те! *(Па́уза.)* Сего́дня здесь ди́вно!

Трофи́мов. Да, пого́да удиви́тельная.

Аня. Что вы со мной сде́лали, Пе́тя, отчего́ я уже́ не люблю́ вишнёвого са́да, как пре́жде. Я люби́ла его́ так не́жно, мне каза́лось, на земле́ нет лу́чше ме́ста, как наш сад.

Трофи́мов. Вся Росси́я наш сад. Земля́ велика́

45

и прекра́сна, есть на ней мно́го чуде́сных мест. *(Па́уза.)* Поду́майте, Аня: ваш дед, пра́дед и все ва́ши пре́дки бы́ли крепостники́, владе́вшие живы́ми ду́шами, и неуже́ли с ка́ждой ви́шни в саду́, с ка́ждого листка́, с ка́ждого ствола́ не гляди́т на вас челове́ческие суще́ства́, неуже́ли вы не слы́шите голосо́в... Владе́ть живы́ми ду́шами — ведь э́то переродило всех вас, живших ра́ньше и тепе́рь живу́щих, так что ва́ша мать, вы, дя́дя уже́ не замеча́ете, что вы живёте в долг, на чужо́й счёт, на счёт тех люде́й, кото́рых вы не пуска́ете да́льше пере́дней... Мы отста́ли, по кра́йней ме́ре, лет на две́сти, у нас нет ещё ро́вно ничего́, нет определённого отноше́ния к про́шлому, мы то́лько филосо́фствуем, жа́луемся на тоску́ и́ли пьём во́дку. Ведь так я́сно, чтобы нача́ть жить в настоя́щем, на́до снача́ла искупи́ть на́ше про́шлое, поко́нчить с ним, а искупи́ть его́ мо́жно то́лько страда́нием, то́лько необыча́йным, непреры́вным трудо́м. Пойми́те э́то, Аня.

А н я. Дом, в кото́ром мы живём, давно́ уже́ не наш дом, и я уйду́, даю́ вам сло́во.

Т р о ф и́ м о в. Если у вас есть ключи́ от хозя́йства, то бро́сьте их в коло́дец и уходи́те. Бу́дьте свобо́дны, как ве́тер.

А н я *(в восто́рге)*. Как хорошо́ вы сказа́ли!

Т р о ф и́ м о в. Ве́рьте мне, Аня, ве́рьте! Мне ещё нет тридцати́, я мо́лод, я ещё студе́нт, но я уже́ сто́лько вы́нес! Как зима́, так я го́лоден, бо́лен, встрево́жен, бе́ден, как ни́щий, и — куда́ то́лько судьба́ не гоня́ла меня́, где я то́лько не́ был! И всё же душа́ моя́ всегда́, во вся́кую мину́ту и днём и но́чью, была́ полна́ неизъясни́мых предчу́вствий. Я предчу́вствую сча́стье, Аня, я уже́ ви́жу его́...

А н я *(заду́мчиво)*. Восхо́дит луна́.

Слы́шно, как Епихо́дов игра́ет на гита́ре всё ту же гру́стную пе́сню. Восхо́дит луна́. Где-то о́коло тополе́й Ва́ря и́щет Аню и зовёт: «Аня! Где ты?»

Т р о ф и́ м о в. Да, восхо́дит луна́. *(Па́уза.)* Вот оно́

счастье, вот оно́ идёт, подхо́дит всё бли́же и бли́же, я уже́ слы́шу его́ шаги́. И е́сли мы не уви́дим, не узна́ем его́, то что за беда́? Его́ уви́дят други́е!

Г о́ л о с В а́ р и. Аня! Где ты?

Т р о ф и́ м о в. Опя́ть э́та Ва́ря! *(Серди́то.)* Возму-ти́тельно!

А н я. Что ж? Пойдёмте к реке́. Там хорошо́.

Т р о ф и́ м о в. Пойдёмте. *(Иду́т.)*

Г о́ л о с В а́ р и. Аня! Аня!

За́навес

ДЕЙСТВИЕ ТРЕТЬЕ

Гости́ная, отделённая а́ркой от за́лы. Гори́т лю́стра. Слы́шно, как в пере́дней игра́ет евре́йский орке́стр, тот са́мый, о кото́ром упомина́ется во второ́м а́кте. Ве́чер. В за́ле танцу́ют grand rond. Го́лос Симео́нова-Пи́щика: «Promenade à une paire!» Выхо́дят в гости́ную: в пе́рвой па́ре П и́ щ и к и Ш а р л о́ т т а И в а́-н о в н а, во второ́й — Т р о ф и́ м о в и Л ю б о́ в ь А н д р е́-е в н а, в тре́тьей — А н я с п о ч т о́ в ы м ч и н о́ в н и к о м, в четвёртой — В а́ р я с н а ч а́ л ь н и к о м с т а́ н ц и и и т.д. Ва́ря ти́хо пла́чет и, танцу́я, утира́ет слёзы. В после́дней па́ре Дуня́ша. Иду́т по гости́ной, Пи́щик кричи́т: «Grand rond, ba-lancez!» и «Les cavaliers à genoux et remerciez vos dames!» Ф и р с во фра́ке прино́сит на подно́се се́льтерскую во́ду. Вхо́дят в гости́ную П и́ щ и к и Т р о ф и́ м о в.

П и́ щ и к. Я полнокро́вный, со мной уже́ два ра́за уда́р был, танцова́ть тру́дно, но, как говори́тся, попа́л в ста́ю, лай не лай, а хвосто́м виля́й. Здоро́вье-то у меня́ лошади́ное. Мой поко́йный роди́тель, шутни́к, ца́рство небе́сное, насчёт на́шего происхожде́ния говори́л так, бу́дто дре́вний род наш Симео́новых-Пи́щиков происхо́дит бу́дто бы от той са́мой ло́шади, кото́рую Калигу́ла посади́л в сена́те... *(Сади́тся.)* Но вот беда́: де́нег нет! Голо́дная соба́ка ве́рует то́лько в мя́со... *(Храпи́т и то́тчас же просыпа́ется.)* Так и я... могу́ то́лько про де́ньги...

47

Т р о ф и м о в. А у вас в фигу́ре в са́мом де́ле есть что́-то лошади́ное.

П и́ щ и к. Что ж... ло́шадь хоро́ший зверь... ло́шадь прода́ть мо́жно...

Слы́шно, как в сосе́дней ко́мнате игра́ют на билья́рде. В за́ле под а́ркой пока́зывается В а́ р я.

Т р о ф и м о в *(дра́знит).* Мада́м Лопа́хина! Мада́м Лопа́хина!...

В а́ р я *(серди́то).* Обле́злый ба́рин!

Т р о ф и м о в. Да, я обле́злый ба́рин и горжу́сь э́тим!

В а́ р я *(в го́рьком разду́мье).* Вот на́няли музыка́нтов, а чем плати́ть? *(Ухо́дит.)*

Т р о ф и м о в *(Пи́щику).* Если бы эне́ргия, кото́рую вы в тече́ние всей ва́шей жи́зни затра́тили на по́иски де́нег для упла́ты проце́нтов, пошла́ у вас на что́-нибудь друго́е, то, вероя́тно, в конце́ концо́в, вы могли́ бы переверну́ть зе́млю.

П и́ щ и к. Ни́цше... фило́соф... велича́йший, знамени́тейший... грома́дного ума́ челове́к, говори́т в свои́х сочине́ниях, бу́дто фальши́вые бума́жки де́лать мо́жно.

Т р о ф и м о в. А вы чита́ли Ни́цше?

П и́ щ и к. Ну... Мне Да́шенька говори́ла. А я тепе́рь в тако́м положе́нии, что хоть фальши́вые бума́жки де́лай... Послеза́втра три́ста де́сять рубле́й плати́ть... Сто три́дцать уже́ доста́л... *(Ошу́пывает карма́ны, встрево́женно.)* Де́ньги пропа́ли! Потеря́л де́ньги! *(Сквозь слёзы.)* Где де́ньги? *(Ра́достно.)* Вот они́, за подкла́дкой... Да́же в пот уда́рило...

Вхо́дят Л ю б о́ в ь А н д р е́ е в н а *и* Ш а р л о́ т т а И в а́ н о в н а.

Л ю б о́ в ь А н д р е́ е в н а *(напева́ет лезги́нку).* Отчего́ так до́лго нет Леони́да? Что он де́лает в го́роде? *(Дуня́ше.)* Дуня́ша, предложи́те музыка́нтам ча́ю...

Т р о ф и м о в. Торги́ не состоя́лись, по всей вероя́тности.

Л ю б о́ в ь   А н д р е́ е в н а. И музыка́нты пришли́ некста́ти, и бал мы зате́яли некста́ти... Ну, ничего́... *(Сади́тся и ти́хо напева́ет.)*

Ш а р л о́ т т а *(подаёт Пи́щику коло́ду карт).* Вот вам коло́да карт, заду́майте каку́ю-нибудь одну́ ка́рту.

П и́ щ и к. Заду́мал.

Ш а р л о́ т т а. Тасу́йте тепе́рь коло́ду. Очень хорошо́. Да́йте сюда́, о мой ми́лый господи́н Пи́щик. Ein, zwei, drei! Тепе́рь поищи́те, она́ у вас в боково́м кар ма́не...

П и́ щ и к *(достаёт из бокового́ карма́на ка́рту).* Восьмёрка пик, соверше́нно ве́рно! *(Удивля́ясь.)* Вы поду́майте!

Ш а р л о́ т т а *(де́ржит на ладо́ни коло́ду карт, Трофи́мову).* Говори́те скоре́е, кака́я ка́рта све́рху.

Т р о ф и́ м о в. Что ж? Ну, да́ма пик.

Ш а р л о́ т т а. Есть! *(Пи́щику.)* Ну? Кака́я ка́рта све́рху?

П и́ щ и к. Туз черво́вый.

Ш а р л о́ т т а. Есть! *(Бьёт по ладо́ни, коло́да карт исчеза́ет.)* А кака́я сего́дня хоро́шая пого́да! *(Ей отвеча́ет тайнственный же́нский го́лос, то́чно из-под по́ла: «О да, пого́да великоле́пная, суда́рыня».)* Вы тако́й хоро́ший мой идеа́л... *(Го́лос: «Вы, суда́рыня, мне то́же о́чень понра́вился».)*

Н а ч а́ л ь н и к   с т а́ н ц и и *(апподи́рует).* Госпо жа́ чревовеща́тельница, бра́во!

П и́ щ и к *(удивля́ясь).* Вы поду́майте! Очарова́тель нейшая Шарло́тта Ива́новна... я про́сто влюблён...

Ш а р л о́ т т а. Влюблён? *(Пожа́в плеча́ми.)* Ра́зве вы мо́жете люби́ть? Guter Mensch, aber schlechter Musikant.

Т р о ф и́ м о в *(хло́пает Пи́щика по плечу́).* Ло́шадь вы э́такая...

Ш а р л о́ т т а. Прошу́ внима́ния, ещё оди́н фо́кус. *(Берёт со сту́ла плед.)* Вот о́чень хоро́ший плед, я жела́ю продава́ть... *(Встря́хивает.)* Не жела́ет ли кто покупа́ть?

П и щ и к *(удивляясь)*. Вы поду́майте!

Ш а р л о́ т т а. Ein, zwei, drei! *(Бы́стро поднима́ет опу́щенный плед; за пле́дом стои́т Аня; она́ де́лает реве́ранс, бежи́т к ма́тери, обнима́ет её и убега́ет наза́д в за́лу при о́бщем восто́рге.)*

Л ю б о́ в ь А н д р е́ е в н а *(аплоди́рует)*. Бра́во, бра́во!...

Ш а р л о́ т т а. Тепе́рь ещё! Ein, zwei, drei. *(Поднима́ет плед; за пле́дом стои́т Ва́ря и кла́няется.)*

П и щ и к *(удивля́сь.)* Вы поду́майте!

Ш а р л о́ т т а. Коне́ц! *(Броса́ет плед на Пи́щика, де́лает реве́ранс и убега́ет в за́лу.)*

П и щ и к *(спеши́т за ней)*. Злоде́йка... какова́? Какова́? *(Ухо́дит.)*

Л ю б о́ в ь А н д р е́ е в н а. А Леони́да всё нет. Что он де́лает в го́роде так до́лго, не понима́ю! Ведь всё уже́ ко́нчено там, име́ние про́дано и́ли торги́ не состоя́лись, заче́м же так до́лго держа́ть в неве́дении!

В а́ р я *(стара́ясь её уте́шить)*. Дя́дечка купи́л, я в э́том уве́рена.

Т р о ф и́ м о в *(насме́шливо)*. Да.

В а́ р я. Ба́бушка присла́ла ему́ дове́ренность, чтобы он купи́л на её и́мя с перево́дом до́лга. Это она́ для Ани. И я уве́рена, Бог помо́жет, дя́дечка ку́пит.

Л ю б о́ в ь А н д р е́ е в н а. Яросла́вская ба́бушка присла́ла пятна́дцать ты́сяч, чтобы купи́ть име́ние на её и́мя, — нам она́ не ве́рит, — а э́тих де́нег не хвати́ло бы да́же проце́нты заплати́ть. *(Закрыва́ет лицо́ рука́ми.)* Сего́дня судьба́ моя́ реша́ется, судьба́...

Т р о ф и́ м о в *(дра́знит Ва́рю.)* Мада́м Лопа́хина!

В а́ р я *(серди́то)*. Ве́чный студе́нт! Уже́ два ра́за увольня́ли из университе́та.

Л ю б о́ в ь А н д р е́ е в н а. Что же ты се́рдишься, Ва́ря? Он дра́знит тебя́ Лопа́хиным, ну что ж? Хо́чешь — выходи́ за Лопа́хина, он хоро́ший, интере́сный челове́к. Не хо́чешь — не выходи́; тебя́, ду́ся, никто́ не нево́лит...

В а́ р я. Я смотрю́ на э́то де́ло серьёзно, ма́мочка, на́до пря́мо говори́ть. Он хоро́ший челове́к, мне нра́вится.

Любо́вь Андре́евна. И выходи́. Что же ждать, не понима́ю!

Ва́ря. Ма́мочка, не могу́ же я сама́ де́лать ему́ предложе́ние. Вот уже́ два го́да все мне говоря́т про него́, все говоря́т, а он и́ли молчи́т, и́ли шу́тит. Я понима́ю. Он богате́ет, за́нят де́лом, ему́ не до меня́. Е́сли бы бы́ли де́ньги, хоть немно́го, хоть бы сто рубле́й, бро́сила бы я всё, ушла́ бы пода́льше. В монасты́рь бы ушла́.

Трофи́мов. Благоле́пие!

Ва́ря. *(Трофи́мову).* Студе́нту на́до быть у́мным! *(Мя́гким то́ном, со слеза́ми.)* Како́й вы ста́ли некраси́вый, Пе́тя, как постаре́ли! *(Любо́ви Андре́евне, уже́ не пла́ча.)* То́лько вот без де́ла не могу́, ма́мочка. Мне ка́ждую мину́ту на́до что-нибудь де́лать.

Вхо́дит Я́ша.

Я́ша *(едва́ уде́рживаясь от сме́ха).* Епихо́дов билья́рдный кий слома́л!... *(Ухо́дит.)*

Ва́ря. Заче́м же Епихо́дов здесь? Кто ему́ позво́лил на билья́рде игра́ть? Не понима́ю э́тих люде́й... *(Ухо́дит.)*

Любо́вь Андре́евна. Не дразни́те её, Пе́тя, вы ви́дите, она́ и без того́ в го́ре.

Трофи́мов. Уж о́чень она́ усе́рдная, не в своё де́ло су́ётся. Всё ле́то не дава́ла поко́я ни мне, ни Ане, боя́лась, как бы у нас рома́на не вы́шло. Како́е ей де́ло? И к тому́ же я ви́да не подава́л, я так далёк от по́шлости. Мы вы́ше любви́!

Любо́вь Андре́евна. А я вот, должно́ быть, ни́же любви́. *(В си́льном беспоко́йстве).* Отчего́ нет Леони́да? То́лько бы знать: про́дано име́ние и́ли нет? Несча́стье представля́ется мне до тако́й сте́пени невероя́тным, что да́же ка́к-то не зна́ю, что ду́мать, теря́юсь... Я могу́ сейча́с кри́кнуть... могу́ глу́пость сде́лать. Спаси́те меня́, Пе́тя. Говори́те же что-нибудь, говори́те...

Трофи́мов. Про́дано ли сего́дня име́ние и́ли не

про́дано — не всё ли равно́? С ним давно́ уже́ поко́нчено, нет поворо́та наза́д, заросла́ доро́жка. Успоко́йтесь, дорога́я. Не на́до обма́нывать себя́, на́до хоть раз в жи́зни взгляну́ть пра́вде пря́мо в глаза́.

Л ю б о́ в ь А н д р е́ е в н а. Како́й пра́вде? Вы ви́дите, где пра́вда и где непра́вда, а я то́чно потеря́ла зре́ние, ничего́ не ви́жу. Вы сме́ло реша́ете все ва́жные вопро́сы, но скажи́те, голу́бчик, не потому́ ли э́то, что вы мо́лоды, что вы не успе́ли перестрада́ть ни одного́ ва́шего вопро́са? Вы сме́ло смо́трите вперёд, и не потому́ ли, что не ви́дите и не ждёте ничего́ стра́шного, так как жизнь ещё скры́та от ва́ших молоды́х глаз? Вы смеле́е, честне́е, глу́бже нас, но вду́майтесь, бу́дьте великоду́шны хоть на ко́нчике па́льца, пощади́те меня́. Ведь я родила́сь здесь, здесь жи́ли мой оте́ц и мать, мой дед, я люблю́ э́тот дом, без вишнёвого са́да я не понима́ю свое́й жи́зни, и, е́сли уж так ну́жно продава́ть, то продава́йте и меня́ вме́сте с са́дом... *(Обнима́ет Трофи́мова, целу́ет его́ в лоб.)* Ведь мой сын утону́л здесь... *(Пла́чет.)* Пожале́йте меня́, хоро́ший, до́брый челове́к.

Т р о ф и́ м о в. Вы зна́ете, я сочу́вствую всей душо́й.

Л ю б о́ в ь А н д р е́ е в н а. Но на́до ина́че, ина́че э́то сказа́ть... *(Вынима́ет плато́к, на́ пол па́дает телегра́мма.)* У меня́ сего́дня тяжело́ на душе́, вы не мо́жете себе́ предста́вить. Здесь мне шу́мно, дрожи́т душа́ от ка́ждого зву́ка, я вся дрожу́, а уйти́ к себе́ не могу́, мне одно́й в тишине́ стра́шно. Не осужда́йте меня́, Пе́тя... Я вас люблю́, как родно́го. Я охо́тно бы отдала́ за вас Аню, кляну́сь вам, то́лько, голу́бчик, на́до же учи́ться, на́до курс ко́нчить. Вы ничего́ не де́лаете, то́лько судьба́ броса́ет вас с ме́ста на ме́сто, так э́то стра́нно... Не пра́вда ли? Да? И на́до же что́-нибудь с бородо́й сде́лать, что́бы она́ росла́ ка́к-нибудь... *(Смеётся.)* Смешно́й вы!

Т р о ф и́ м о в *(поднима́ет телегра́мму)*. Я не жела́ю быть краса́вцем.

Л ю б о́ в ь А н д р е́ е в н а. Это из Пари́жа телегра́мма. Ка́ждый день получа́ю. И вчера́, и сего́дня.

Этот дикий человек опять заболел, опять с ним нехорошо... Он просит прощения, умоляет приехать. и по-настоящему мне следовало бы съездить в Париж, побыть возле него. У вас, Петя, строгое лицо, но что же делать, голубчик мой, что мне делать, он болен, он одинок, несчастлив, а кто там поглядит за ним, кто удержит его от ошибок, кто даст ему вовремя лекарство? И что ж тут скрывать или молчать, я люблю его, это ясно. Люблю, люблю... Это камень на моей шее, я иду с ним на дно, но я люблю этот камень и жить без него не могу. *(Жмёт Трофимову руку.)* Не думайте дурно, Петя, не говорите мне ничего, не говорите...

Т р о ф и м о в *(сквозь слёзы)*. Простите за откровенность Бога ради: ведь он обобрал вас!

Л ю б о в ь А н д р е е в н а. Нет, нет, нет, не надо говорить так... *(Закрывает уши.)*

Т р о ф и м о в. Ведь он негодяй, только вы одна не знаете этого! Он мелкий негодяй, ничтожество...

Л ю б о в ь А н д р е е в н а *(рассердившись, но сдержанно)*. Вам двадцать шесть лет или двадцать семь, а вы всё ещё гимназист второго класса!

Т р о ф и м о в. Пусть!

Л ю б о в ь А н д р е е в н а. Надо быть мужчиной, в ваши годы надо понимать тех, кто любит. И надо самому любить... надо влюбляться! *(Сердито.)* Да, да! И у вас нет чистоты, а вы просто чистюлька, смешной чудак, урод...

Т р о ф и м о в *(в ужасе)*. Что она говорит!

Л ю б о в ь А н д р е е в н а. «Я выше любви!» Вы не выше любви, а просто, как вот говорит наш Фирс, вы недотёпа. В ваши годы не иметь любовницы!...

Т р о ф и м о в *(в ужасе)*. Это ужасно! Что она говорит?! *(Идёт быстро в зал, схватив себя за голову.)* Это ужасно... Не могу, я уйду... *(Уходит, но тотчас же возвращается.)* Между нами всё кончено! *(Уходит в переднюю.)*

Л ю б о в ь А н д р е е в н а *(кричит вслед)*. Петя, погодите! Смешной человек, я пошутила! Петя!

Слышно, как в передней кто-то быстро идёт по лестнице и вдруг с грохотом падает вниз. Аня и Варя вскрикивают, но тотчас же слышится смех.

Л ю б о́ в ь   А н д р е́ е в н а. Что там такое?

Вбегает   А н я.

А н я *(смеясь)*. Петя с лестницы упал! *(Убегает.)*
Л ю б о́ в ь   А н д р е́ е в н а. Какой чудак этот Пе́тя...

Н а ч а́ л ь н и к   с т а́ н ц и и останавливается среди залы и читает «Грешницу» А. Толстого. Его слушают, но едва он прочёл несколько строк, как из передней доносятся звуки вальса, и чтение обрывается. Все танцуют. Проходят из передней Т р о ф и́ м о в,   А н я,   В а́ р я и Л ю б о́ в ь   А н д р е́ е в н а.

Л ю б о́ в ь   А н д р е́ е в н а. Ну, Петя... ну, чистая душа... я прощения прошу... Пойдёмте танцевать...
(Танцует с Петей).

А н я   и   В а́ р я танцуют.
Ф и р с входит, ставит свою палку около боковой двери. Я ш а тоже вошёл из гостиной, смотрит на танцы.

Я ш а. Что, дедушка?
Ф и р с. Нездоровится. Прежде у нас на балах танцевали генералы, бароны, адмиралы, а теперь посылаем за почтовым чиновником и начальником станции, да и те не в охотку идут. Что-то ослабел я. Барин покойный, дедушка, всех сургучом пользовал, от всех болезней. Я сургуч принимаю каждый день уже лет двадцать, а то и больше; может, я от него и жив.
Я ш а. Надоел ты, дед. *(Зевает.)* Хоть бы ты поскорее подох.
Ф и р с. Эх, ты... недотёпа! *(Бормочет.)*

Т р о ф и́ м о в и Л ю б о́ в ь   А н д р е́ е в н а танцуют в зале, потом в гостиной.

Л ю б о́ в ь   А н д р е́ е в н а. Merci. Я посижу...
(Садится.) Устала.

Входит   А н я.

А н я *(взволнованно)*. А сейчас на кухне какой-то человек говорил, что вишнёвый сад уже продан сегодня.

Л ю б о в ь   А н д р е е в н а. Кому продан?

А н я. Не сказал кому,. Ушёл. *(Танцует с Трофимовым, оба уходят в залу.)*

Я ш а. Это там какой-то старик болтал. Чужой.

Ф и р с. А Леонида Андреича ещё нет, не приехал. Пальто на нём лёгкое, демисезон, того гляди, простудится. Эх, молодо-зелено.

Л ю б о в ь   А н д р е е в н а. Я сейчас умру. Подите, Яша, узнайте, кому продано.

Я ш а. Да он давно ушёл, старик-то. *(Смеётся.)*

Л ю б о в ь   А н д р е е в н а *(с лёгкой досадой)*. Ну, чему вы смеётесь? Чему рады?

Я ш а. Очень уж Епиходов смешной. Пустой человек. Двадцать два несчастья.

Л ю б о в ь   А н д р е е в н а. Фирс, если продадут имение, то куда ты пойдёшь?

Ф и р с. Куда прикажете, туда и пойду.

Л ю б о в ь   А н д р е е в н а. Отчего у тебя лицо такое? Ты нездоров? Шёл бы, знаешь, спать...

Ф и р с. Да... *(С усмешкой.)* Я уйду спать, а без меня тут кто подаст, кто распорядится? Один на весь дом.

Я ш а *(Любови Андреевне)*. Любовь Андреевна! Позвольте обратиться к вам с просьбой, будьте так добры! Если опять поедете в Париж, то возьмите меня с собой, сделайте милость. Здесь мне оставаться положительно невозможно. *(Оглядываясь, вполголоса.)* Что ж там говорить, вы сами видите, страна необразованная, народ безнравственный, притом скука, на кухне кормят безобразно, а тут ещё Фирс этот ходит, бормочет разные неподходящие слова. Возьмите меня с собой, будьте так добры!

Входит **П и щ и к**.

П и щ и к. Позвольте просить вас... на вальсишку, прекраснейшая... *(Любовь Андреевна идёт с ним.)*

Очаровательная, всё-таки сто восемьдесят рубликов я возьму у вас... Возьму... *(Танцует.)* Сто восемьдесят рубликов... *(Перешли в залу.)*

Я ш а *(тихо напевает).* «Поймёшь ли ты души моей волнение...»

В зале фигура в сером цилиндре и в клетчатых панталонах машет руками и прыгает; крики: «Браво, Шарлотта Ивановна!».

Д у н я ш а *(остановилась, чтобы попудриться).* Барышня велит мне танцевать — кавалеров много, а дам мало, а у меня от танцев кружится голова, сердце бьётся, Фирс Николаевич, а сейчас чиновник с почты такое мне сказал, что у меня дыхание захватило.

Музыка стихает.

Ф и р с. Что же он тебе сказал?

Д у н я ш а. Вы, говорит, как цветок.

Я ш а *(зевает).* Невежество... *(Уходит.)*

Д у н я ш а. Как цветок... Я такая деликатная девушка, ужасно люблю нежные слова.

Ф и р с. Закрутишься ты.

Входит Е п и х о д о в.

Е п и х о д о в. Вы, Авдотья Фёдоровна, не желаете меня видеть... как будто я какое насекомое. *(Вздыхает.)* Эх, жизнь!

Д у н я ш а. Что вам угодно?

Е п и х о д о в. Несомненно, может, вы и правы. *(Вздыхает.)* Но, конечно, если взглянуть с точки зрения, то вы, позволю себе так выразиться, извините за откровенность, совершенно привели меня в состояние духа. Я знаю свою фортуну, каждый день со мной случается какое-нибудь несчастье, и к этому я давно уже привык, так что с улыбкой гляжу на свою судьбу. Вы дали мне слово, и хотя я...

Д у н я ш а. Прошу вас, после поговорим, а теперь оставьте меня в покое. Теперь я мечтаю. *(Играет веером.)*

Е п и х о д о в. У меня несчастье каждый день, и я, позволю себе так выразиться, только улыбаюсь, даже смеюсь.

Входит из залы В а р я.

В а р я. Ты всё ещё не ушёл, Семён? Какой же ты, право, неуважительный человек. (Дуняше.) Ступай отсюда, Дуняша. (Епиходову.) То на бильярде играешь и кий сломал, то по гостиной расхаживаешь, как гость.

Е п и х о д о в. С меня взыскивать, позвольте вам выразиться, вы не можете.

В а р я. Я не взыскиваю с тебя, а говорю. Только и знаешь, что ходишь с места на место, а делом не занимаешься. Конторщика держим, а неизвестно — для чего.

Е п и х о д о в (обиженно). Работаю ли я, хожу ли, кушаю ли, играю ли на бильярде, про то могут рассуждать только люди понимающие и старшие.

В а р я. Ты смеешь мне говорить это! (Вспылив.) Ты смеешь? Значит, я ничего не понимаю? Убирайся же вон отсюда! Сию минуту!

Е п и х о д о в (струсив). Прошу вас выражаться деликатным способом.

В а р я (выйдя из себя). Сию же минуту вон отсюда! Вон! (Он идёт к двери, она за ним.) Двадцать два несчастья! Чтобы духу твоего здесь не было! Чтобы глаза мои тебя не видели! (Епиходов вышел; за дверью его голос: «Я на вас буду жаловаться».) А, ты назад идёшь? (Хватает палку, поставленную около двери Фирсом.) Иди... Иди... Иди, я тебе покажу... А, ты идёшь? Идёшь? Так вот же тебе... (Замахивается, в это время входит Лопахин.)

Л о п а х и н. Покорнейше благодарю.

В а р я (сердито и насмешливо). Виновата!

Л о п а х и н. Ничего-с. Покорно благодарю за приятное угощение.

В а р я. Не стоит благодарности. (Отходит, потом оглядывается и спрашивает мягко.) Я вас не ушибла?

57

Л о п а́ х и н. Нет, ничего́. Ши́шка, одна́ко, вско́чит огрома́дная.

Г о л о с а́   в   з а́ л е. «Лопа́хин прие́хал! Ермола́й Алексе́ич!»

П и́ щ и к. Ви́дом вида́ть, слы́хом слыха́ть... *(Це-лу́ется с Лопа́хиным.)* Коньячко́м от тебя́ попа́хивает, ми́лый мой, душа́ моя́. А мы тут то́же весели́мся.

Вхо́дит Л ю б о́ в ь А н д р е́ е в н а.

Л ю б о́ в ь А н д р е́ е в н а. Это вы, Ермола́й Алексе́ич? Отчего́ так до́лго? Где Леони́д?

Л о п а́ х и н. Леони́д Андре́ич со мной прие́хал, он идёт...

Л ю б о́ в ь А н д р е́ е в н а *(волну́ясь).* Ну, что? Бы́ли торги́? Говори́те же!

Л о п а́ х и н *(сконфу́женно, боя́сь обнару́жить свою́ ра́дость).* Торги́ ко́нчились к четырём часа́м... Мы к по́езду опозда́ли, пришло́сь ждать до полови́ны деся́того. *(Тяжело́ вздохну́в.)* Уф! У меня́ немно́жко голова́ кру́жится...

Вхо́дит Г а́ е в; в пра́вой руке́ у него́ поку́пки, ле́вой он утира́ет слёзы.

Л ю б о́ в ь А н д р е́ е в н а. Лёня, что? Лёня, ну? *(Нетерпели́во, со слеза́ми.)* Скоре́й же, Бо́га ра́ди...

Г а́ е в *(ничего́ ей не отвеча́ет, то́лько ма́шет руко́й; Фи́рсу, пла́ча).* Вот возьми́... Тут анчо́усы, ке́рченские се́льди... Я сего́дня ничего́ не ел... Сто́лько я вы́страдал! *(Дверь в билья́рдную откры́та; слы́шен стук шаро́в и го́лос Я́ши: «Семь и восемна́дцать!» У Га́ева меня́ется выраже́ние, он уже́ не пла́чет.)* Уста́л я ужа́сно. Дашь мне, Фирс, переоде́ться. *(Ухо́дит к себе́ че́рез за́лу, за ним Фирс.)*

П и́ щ и к. Что на торга́х? Расска́зывай же!

Л ю б о́ в ь А н д р е́ е в н а. Про́дан вишнёвый сад?

Л о п а́ х и н. Про́дан.

Л ю б о́ в ь А н д р е́ е в н а. Кто купи́л?

Л о п а́ х и н. Я купи́л. *(Па́уза.)*

Любо́вь Андре́евна угнетена́; она́ упа́ла бы, е́сли бы не стоя́ла во́зле кре́сла и стола́. Ва́ря снима́ет с по́яса ключи́, броса́ет их на́ пол, посреди́ гости́ной, и ухо́дит.

Л о п а́ х и н. Я купи́л! Погоди́те, господа́, сде́лайте ми́лость, у меня́ в голове́ помути́лось, говори́ть не могу́... *(Смеётся.)* Пришли́ мы на торги́, там уже́ Дерига́нов. У Леони́да Андре́ича бы́ло то́лько пятна́дцать ты́сяч, а Дерига́нов сверх до́лга сра́зу надава́л три́дцать. Ви́жу, де́ло тако́е, я схвати́лся с ним, надава́л со́рок. Он со́рок пять. Я пятьдеся́т пять. Он, зна́чит, по пяти́ надбавля́ет, я по десяти́... Ну, ко́нчилось. Сверх до́лга я надава́л девяно́сто, оста́лось за мной. Вишнёвый сад тепе́рь мой! Мой! *(Хохо́чет.)* Бо́же мой, Го́споди, вишнёвый сад мой! Скажи́те мне, что я пьян, не в своём уме́, что всё э́то мне представля́ется... *(То́почет нога́ми.)* Не сме́йтесь надо мной! Если бы оте́ц мой и дед вста́ли из гробо́в и посмотре́ли на всё происше́ствие, как их Ермола́й, би́тый, малогра́мотный Ермола́й, кото́рый зимо́й босико́м бе́гал, как э́тот са́мый Ермола́й купи́л име́ние, прекра́сней кото́рого ничего́ нет на све́те. Я купи́л име́ние, где дед и оте́ц бы́ли раба́ми, где их не пуска́ли, да́же в ку́хню. Я сплю, э́то то́лько мере́щится мне, э́то то́лько ка́жется... Это плод ва́шего воображе́ния, покры́тый мра́ком неизве́стности... *(По́днима́ет ключи́, ла́сково улыба́ясь.)* Бро́сила ключи́, хо́чет показа́ть, что она́ уж не хозя́йка здесь... *(Звени́т ключа́ми.)* Ну, да всё равно́. *(Слы́шно, как настра́ивается орке́стр.)* Эй, музыка́нты, игра́йте, я жела́ю вас слу́шать! Приходи́те все смотре́ть, как Ермола́й Лопа́хин хва́тит топоро́м по вишнёвому са́ду, как упаду́т на зе́млю дере́вья! Настро́им мы дач, и на́ши вну́ки и пра́внуки уви́дят тут но́вую жизнь... Му́зыка, игра́й!

Игра́ет му́зыка. Любо́вь Андре́евна опусти́лась на стул и го́рько пла́чет.

Л о п а́ х и н *(с уко́ром).* Отчего́ же, отчего́ вы меня́

не послу́шали? Бе́дная моя́, хоро́шая, не вернёшь те-
пе́рь. *(Со слеза́ми.)* О, скоре́е бы всё э́то прошло́, скоре́е
бы измени́лась ка́к-нибудь на́ша нескла́дная, несчаст-
ли́вая жизнь.

П и́ щ и к *(берёт его́ под руку, вполго́лоса)*. Она́ пла́-
чет. Пойдём в за́лу, пусть она́ одна́... Пойдём...
(Берёт его́ под руку и уво́дит в за́лу.)

Л о п а́ х и н. Что ж тако́е? Му́зыка, игра́й отчётливо!
Пуска́й всё, как я жела́ю! *(С иро́нией.)* Идёт но́вый
поме́щик, владе́лец вишнёвого са́да! *(Толкну́л неча́янно
сто́лик, едва́ не опроки́нул канделя́бры.)* За всё могу́
заплати́ть! *(Ухо́дит с Пи́щиком.)*

В за́ле и гости́ной нет никого́, кро́ме Любо́ви Андре́евны, кото́рая
сиди́т, сжа́лась вся и го́рько пла́чет. Ти́хо игра́ет му́зыка. Бы́стро
вхо́дят А н я и Т р о ф и́ м о в. Аня подхо́дит к ма́тери и ста-
но́вится пе́ред ней на коле́ни. Трофи́мов остаётся у вхо́да в за́лу.

А н я. Ма́ма!... Ма́ма, ты пла́чешь? Ми́лая, до́брая,
хоро́шая моя́ ма́ма, моя́ прекра́сная, я люблю́ тебя́...
я благословля́ю тебя́. Вишнёвый сад про́дан, его́ уже́
нет, э́то пра́вда, пра́вда, но не плачь, ма́ма, у тебя́
оста́лась жизнь впереди́, оста́лась твоя́ хоро́шая, чи́-
стая душа́... Пойдём со мной, пойдём, ми́лая, отсю́да,
пойдём!... Мы наса́дим но́вый сад, роско́шнее э́того,
ты уви́дишь его́, поймёшь, и ра́дость, ти́хая, глубо́кая
ра́дость опу́стится на твою́ ду́шу, как со́лнце в вече́рний
час, и ты улыбнёшься, ма́ма! Пойдём, ми́лая! Пойдём!...

За́навес

ДЕЙСТВИЕ ЧЕТВЕРТОЕ

Декора́ция пе́рвого а́кта. Нет ни за́навесей на о́кнах, ни карти́н,
оста́лось немно́го ме́бели, кото́рая сло́жена в оди́н у́гол, то́чно для
прода́жи. Чу́вствуется пустота́. О́коло выходно́й две́ри и в глу-
бине́ сце́ны сло́жены чемода́ны, доро́жные узлы́ и т. п. Нале́во
дверь откры́та, отту́да слы́шны голоса́ Ва́ри и Ани. Л о п а́ х и н
стои́т, ждёт. Я ш а де́ржит подно́с со стака́нчиками, нали́тыми
шампа́нским. В пере́дней Е п и х о́ д о в увя́зывает я́щик. За

сценой в глубине́ гул. Это пришли́ проща́ться мужики́. Го́лос Га́ева: «Спаси́бо, бра́тцы, спаси́бо вам».

Я ш а. Просто́й наро́д проща́ться пришёл. Я тако́го мне́ния, Ермола́й Алексе́ич: наро́д до́брый, но ма́ло понима́ет.

Гул стиха́ет. Вхо́дят че́рез пере́днюю Л ю б о́ в ь А н д р е́ е в н а и Г а́ е в; она́ не пла́чет, но бледна́, лицо́ её дрожи́т, она́ не мо́жет говори́ть.

Г а́ е в. Ты отдала́ им свои́ кошелёк, Лю́ба. Так нельзя́! Так нельзя́!

Л ю б о́ в ь А н д р е́ е в н а. Я не смогла́! Я не смогла́! *(Оба уходят.)*

Л о п а́ х и н *(в дверь, им вслед)*. Пожа́луйте, поко́рнейше прошу́! По стака́нчику на проща́нье. Из го́рода не догада́лся привезть, а на ста́нции нашёл то́лько одну́ буты́лку. Пожа́луйте! *(Па́уза)*. Что же, господа́! Не жела́ете? *(Отхо́дит от две́ри.)* Знал бы — не покупа́л. Ну, и я пить не ста́ну. *(Яша осторо́жно ста́вит подно́с на стул.)* Вы́пей, Яша, хоть ты.

Я ш а. С отъезжа́ющими! Счастли́во остава́ться! *(Пьёт.)* Это шампа́нское не настоя́щее, могу́ вас увери́ть.

Л о п а́ х и н. Во́семь рубле́й буты́лка. *(Па́уза.)* Хо́лодно здесь чёртовски.

Я ш а. Не топи́ли сего́дня, всё равно́ уезжа́ем. *(Сме́ётся.)*

Л о п а́ х и н. Что ты?

Я ш а. От удово́льствия.

Л о п а́ х и н. На дворе́ октя́брь, а со́лнечно и ти́хо, как ле́том. Стро́иться хорошо́. *(Погляде́в на часы́, в дверь.)* Господа́, име́йте в виду́, до по́езда оста́лось всего́ со́рок шесть мину́т! Зна́чит, че́рез два́дцать мину́т на ста́нцию е́хать. Потора́пливайтесь.

Т р о ф и́ м о в в пальто́ вхо́дит со двора́.

Т р о ф и́ м о в. Мне ка́жется, е́хать уже́ пора́. Ло́шади по́даны. Чёрт его́ зна́ет, где мои́ кало́ши. Пропа́ли. *(В дверь.)* Аня, нет мои́х кало́ш! Не нашёл!

61

Л о п а́ х и н. А мне в Ха́рьков на́до. Пое́ду с ва́ми в одно́м по́езде. В Ха́рькове проживу́ всю зи́му. Я всё болта́лся с ва́ми, заму́чился без де́ла. Не могу́ без рабо́ты, не зна́ю, что вот де́лать с рука́ми; болта́ются ка́к-то стра́нно, то́чно чужи́е.

Т р о ф и́ м о в. Сейча́с уе́дем, и вы опя́ть при́метесь за свой поле́зный труд.

Л о п а́ х и н. Вы́пей-ка стака́нчик.

Т р о ф и́ м о в. Не ста́ну.

Л о п а́ х и н. Зна́чит, в Москву́ тепе́рь?

Т р о ф и́ м о в. Да, провожу́ их в го́род, а за́втра в Москву́.

Л о п а́ х и н. Да... Что ж, профессора́ не чита́ют ле́кций, небо́сь, всё ждут, когда́ прие́дешь!

Т р о ф и́ м о в. Не твоё де́ло.

Л о п а́ х и н. Ско́лько лет, как ты в университе́те у́чишься?

Т р о ф и́ м о в. Приду́май что́-нибудь понове́е. Это старо́ и пло́ско. (Ищет кало́ши.) Зна́ешь, мы, пожа́луй, не уви́димся бо́льше, так вот позво́ль мне дать тебе́ на проща́нье оди́н сове́т: не разма́хивай рука́ми! Отвы́кни от э́той привы́чки — разма́хивать. — И то́же вот стро́ить да́чи, рассчи́тывать, что из да́чников со вре́менем вы́йдут отде́льные хозя́ева, рассчи́тывать так — э́то то́же зна́чит разма́хивать... Как-ника́к, всё-таки я тебя́ люблю́. У тебя́ то́нкие, не́жные па́льцы, как у арти́ста, у тебя́ то́нкая, не́жная душа́...

Л о п а́ х и н (обнима́ет его). Проща́й, голу́бчик. Спаси́бо за всё. Ежели ну́жно, возьми́ у меня́ де́нег на доро́гу.

Т р о ф и́ м о в. Для чего́ мне? Не ну́жно.

Л о п а́ х и н. Ведь у вас нет!

Т р о ф и́ м о в. Есть. Благодарю́ вас. Я за перево́д получи́л. Вот они́ тут, в карма́не. (Трево́жно.) А кало́ш мои́х нет!

В а́ р я (из друго́й ко́мнаты). Возьми́те ва́шу га́дость! (Выбра́сывает на сце́ну па́ру рези́новых кало́ш.)

Т р о ф и́ м о в. Что же вы се́рдитесь, Ва́ря? Гм... Да э́то не мои́ кало́ши!

Л о п а́ х и н. Я весно́й посе́ял ма́ку ты́сячу десяти́н, и тепе́рь зарабо́тал со́рок ты́сяч чи́стого. А когда́ мой мак цвёл, что э́то была́ за карти́на! Так вот я, говорю́, зарабо́тал со́рок ты́сяч и, зна́чит, предлага́ю тебе́ взаймы́, потому́ что могу́. Заче́м же нос драть? Я мужи́к... по́просту.

Т р о ф и́ м о в. Твой оте́ц был мужи́к, мой — апте́карь, и из э́того не сле́дует реши́тельно ничего́. (Лопа́хин вынима́ет бума́жник.) Оста́вь, оста́вь... Дай мне хоть две́сти ты́сяч, не возьму́. Я свобо́дный челове́к. И всё, что так высоко́ и до́рого це́ните вы все, бога́тые и ни́щие, не име́ет надо мно́й ни мале́йшей вла́сти, вот как пух, кото́рый но́сится по во́здуху. Я могу́ обходи́ться без вас, я могу́ проходи́ть ми́мо вас, я силён и горд. Челове́чество идёт к вы́сшей пра́вде, к вы́сшему сча́стью, како́е то́лько возмо́жно на земле́, и я в пе́рвых ряда́х!

Л о п а́ х и н. Дойдёшь?

Т р о ф и́ м о в. Дойду́. (Па́уза.) Дойду́ или укажу́ други́м путь, как дойти́.

Слы́шно, как вдали́ стуча́т топоро́м по де́реву.

Л о п а́ х и н. Ну, проща́й, голу́бчик. Пора́ е́хать. Мы друг пе́ред дру́гом нос дерём, а жизнь знай себе́ прохо́дит. Когда́ я рабо́таю подо́лгу, без у́стали, тогда́ мы́сли поле́гче, и ка́жется, бу́дто мне то́же изве́стно, для чего́ я существу́ю. А ско́лько, брат, в Росси́и люде́й, кото́рые существу́ют неизве́стно для чего́. Ну, всё равно́, цирку́ля́ция де́ла не в э́том. Леони́д Андре́ич, говоря́т, при́нял ме́сто, бу́дет в ба́нке, шесть ты́сяч в год... То́лько ведь не усиди́т, лени́в о́чень...

А н я (в дверя́х). Ма́ма вас про́сит: пока́ она́ не уе́хала, чтоб не руби́ли са́да.

Т р о ф и́ м о в. В са́мом де́ле, неуже́ли не хвата́ет та́кта...(Ухо́дит че́рез пере́днюю.)

Л о п а́ х и н. Сейча́с, сейча́с... Э́кие, пра́во. (Ухо́дит за ним.)

А н я. Фи́рса отпра́вили в больни́цу?

Я ш а. Я у́тром говори́л. Отпра́вили, на́до ду́мать.

А н я. *(Епиходову, который проходит через залу).* Семён Пантелеич, справьтесь, пожалуйста, отвезли ли Фирса в больницу.

Я ш а. *(обиженно).* Утром я говорил Егору. Что ж спрашивать по десяти раз!

Е п и х о д о в. Долголетний Фирс, по моему окончательному мнению, в починку не годится, ему надо к праотцам. А я могу ему только завидовать. *(Положил чемодан на картонку со шляпой и раздавил.)* Ну, вот, конечно. Так и знал. *(Уходит.)*

Я ш а *(насмешливо).* Двадцать два несчастья...

В а р я *(за дверью).* Фирса отвезли в больницу?

А н я. Отвезли.

В а р я. Отчего же письмо не взяли к доктору?

А н я. Так надо послать вдогонку... *(Уходит.)*

В а р я *(из соседней комнаты).* Где Яша? Скажите, мать его пришла, хочет проститься с ним.

Я ш а *(машет рукой).* Выводят только из терпения.

Д у н я ш а все время хлопочет около вещей; теперь, когда Яша остался один, она подошла к нему.

Д у н я ш а. Хоть бы взглянули разочек, Яша. Вы уезжаете... меня покидаете... *(Плачет и бросается ему на шею.)*

Я ш а. Что ж плакать? *(Пьёт шампанское.)* Через шесть дней я опять в Париже. Завтра сядем в курьерский поезд и закатим, только нас и видели. Даже как-то не верится. Вив ла Франс!... Здесь не по мне, не могу жить... ничего не поделаешь. Насмотрелся на невежество — будет с меня. *(Пьёт шампанское.)* Что ж плакать? Ведите себя прилично, тогда не будете плакать.

Д у н я ш а *(пудрится, глядясь в зеркальце).* Пришлите из Парижа письмо. Ведь я вас любила, Яша, так любила! Я нежное существо, Яша!

Я ш а. Идут сюда. *(Хлопочет около чемодана, тихо напевает.)*

Входит Л ю б о в ь А н д р е е в н а, Г а е в, А н я и Ш а р л о т т а И в а н о в н а.

64

Г а е в. Ехать бы нам. Уже немного осталось. *(Глядя на Яшу.)* От кого это селёдкой пахнет!

Л ю б о в ь А н д р е е в н а. Минут через десять давайте уже в экипажи садиться... *(Окидывает взглядом комнату.)* Прощай, милый дом, старый дедушка. Пройдёт зима, настанет весна, а там тебя уже не будет, тебя сломают. Сколько видели эти стены! *(Целует горячо дочь.)* Сокровище моё, ты сияешь, твои глазки играют, как два алмаза. Ты довольна? Очень?

А н я. Очень! Начинается новая жизнь, мама!

Г а е в *(весело)*. В самом деле, теперь всё хорошо. До продажи вишнёвого сада мы все волновались, страдали, а потом, когда вопрос был решён окончательно, беспово́ротно, все успокоились, повеселели даже... Я банковский служака, теперь я финансист... жёлтого в се редину, и ты, Люба, как-никак, выглядишь лучше, это несомненно.

Л ю б о в ь А н д р е е в н а. Да. Нервы мои лучше, это правда. *(Ей подают шляпу и пальто.)* Я сплю хорошо. Выносите мои вещи, Яша. Пора. *(Ане.)* Девочка моя, скоро мы увидимся... Я уезжаю в Париж, буду жить там на те деньги, которые прислала твоя ярославская бабушка на покупку имения — да здравствует бабушка! — а денег этих хватит не надолго.

А н я. Ты, мама, вернёшься скоро, скоро... не правда ли? Я подготовлюсь, выдержу экзамен в гимназии и потом буду работать, тебе помогать. Мы, мама, будем вместе читать разные книги... Не правда ли? *(Целует матери руки.)* Мы будем читать в осенние вечера, прочтём много книг, и перед нами откроется новый, чудесный мир... *(Мечтает.)* Мама, приезжай...

Л ю б о в ь А н д р е е в н а. Приеду, моё золото. *(Обнимает дочь.)*

Входит Л о п а х и н. Шарлотта тихо напевает песенку.

Г а е в. Счастливая Шарлотта: поёт!

Ш а р л о т т а *(берёт узел, похожий на свёрнутого ребёнка)*. Мой ребёночек, бай, бай... *(Слышится плач ребёнка: уá, уá!...)* Замолчи́, мой хоро́ший, мой ми́лый ма́льчик. *(Уá!.. уá!..)* Мне тебя́ так жа́лко! *(Броса́ет у́зел на ме́сто.)* Так вы, пожа́луйста, найди́те мне ме́сто. Я не могу́ так.

Л о п а́ х и н. Найдём, Шарло́тта Ива́новна, не беспоко́йтесь.

Г а́ е в. Все нас броса́ют, Ва́ря ухо́дит... мы ста́ли вдруг не ну́жны.

Ш а р л о́ т т а. В го́роде мне жить не́где. На́до уходи́ть... *(Напева́ет.)* Всё равно́...

Вхо́дит П и́ щ и к.

Л о п а́ х и н. Чу́до приро́ды!..

П и́ щ и к *(запыха́вшись).* Ой, да́йте отдыша́ться... заму́чился... Мои́ почте́ннейшие... Воды́ да́йте...

Г а́ е в. За деньга́ми, небо́сь? Слуга́ поко́рный, ухожу́ от греха́... *(Ухо́дит.)*

П и́ щ и к. Давне́нько не́ был у вас... прекра́снейшая... *(Лопа́хину.)* Ты здесь... рад тебя́ ви́деть... грома́днейшего ума́ челове́к... возьми́... получи́... *(Подаёт Лопа́хину де́ньги.)* Четы́реста рубле́й... за мной остаётся восемьсо́т со́рок...

Л о п а́ х и н *(в недоуме́нии пожима́ет плеча́ми.)* То́чно во сне... Ты где же взял?

П и́ щ и к. Посто́й... Жа́рко... Собы́тие необыча́йнейшее. Прие́хали ко мне англича́не и нашли́ в земле́ каку́ю-то бе́лую гли́ну... *(Любо́ви Андре́евне.)* И вам четы́реста... прекра́сная, удиви́тельная... *(Подаёт де́ньги.)* Остальны́е пото́м. *(Пьёт во́ду.)* Сейча́с оди́н молодо́й челове́к расска́зывал в ваго́не, бу́дто како́й-то... вели́кий фило́соф сове́тует пры́гать с крыш... «Пры́гай!» — говори́т, и в э́том вся зада́ча. *(Удивлённо.)* Вы поду́майте! Воды́!..

Л о п а́ х и н. Каки́е же э́то англича́не?

П и́ щ и к. Сдал им уча́сток с гли́ной на два́дцать четы́ре го́да... А тепе́рь, извини́те, не́когда... на́до скака́ть да́льше... Пое́ду к Зно́йкову... и Кардамонову... Всем до́лжен... *(Пьёт.)* Жела́ю здра́вствовать... В четве́рг зае́ду...

Л ю б о́ в ь А н д р е́ е в н а. Мы сейча́с переезжа́ем в го́род, а за́втра я за грани́цу...

П и́ щ и к. Как? *(Встрево́женно.)* Почему́ в го́род? То́-то я гляжу́ на ме́бель... чемода́ны... Ну, ничего́... *(Сквозь слёзы.)* Ничего́... Велича́йшего ума́ лю́ди... э́ти англича́не... Ничего́... Бу́дьте сча́стливы... Бог помо́жет вам... Ничего́... Всему́ на э́том све́те быва́ет коне́ц... *(Целу́ет ру́ку Любо́ви Андре́евне.)* А дойдёт до вас слух, что мне коне́ц пришёл, вспо́мните вот э́ту са́мую... ло́шадь и скажи́те: «Был на све́те тако́й, сяко́й... Симео́нов-Пи́щик... ца́рство ему́ небе́сное»... Замеча́тельнейшая пого́да... Да... *(Ухо́дит в си́льном смуще́нии, но то́тчас же возвраща́ется и говори́т в дверя́х.)* Кла́нялась вам Да́шенька! *(Ухо́дит.)*

Л ю б о́ в ь А н д р е́ е в н а. Тепе́рь мо́жно и е́хать. Уезжа́ю я с двумя́ забо́тами. Пе́рвая — э́то больно́й Фирс. *(Взгляну́в на часы́.)* Ещё мину́т пять мо́жно...

А н я. Ма́ма, Фи́рса уже́ отпра́вили в больни́цу. Я́ша отпра́вил у́тром.

Л ю б о́ в ь А н д р е́ е в н а. Втора́я моя́ печа́ль — Ва́ря. Она́ привы́кла ра́но встава́ть и рабо́тать, и тепе́рь без труда́ она́, как ры́ба без воды́. Похуде́ла, побледне́ла и пла́чет, бедня́жка... *(Па́уза.)* Вы э́то о́чень хорошо́ зна́ете, Ермола́й Алексе́ич: я мечта́ла... вы́дать её за вас, да и по всему́ ви́дно бы́ло, что вы же́нитесь. *(Шёпчет Ане, та кива́ет Шарло́тте, и о́бе ухо́дят.)* Она́ вас лю́бит, вам она́ по душе́, и не зна́ю, не зна́ю, почему́ э́то вы то́чно сторо́нитесь друг дру́га. Не понима́ю!

Л о п а́ х и н. Я сам то́же не понима́ю, призна́ться. Ка́к-то стра́нно всё... Е́сли есть ещё вре́мя, то я хоть сейча́с гото́в... Поко́нчим сра́зу — и ба́ста, а без вас я, чу́вствую, не сде́лаю предложе́ния.

Л ю б о́ в ь А н д р е́ е в н а. И превосхо́дно. Ведь одна́ мину́та нужна́, то́лько. Я её сейча́с позову́...

Л о п а́ х и н. Кста́ти и шампа́нское есть. *(Погляде́в*

на стакáнчики.) Пустýе, ктó-то ужé вы́пил. *(Яша кáшляет.)* Это называется вы́лакать...

Л ю б ó в ь   А н д р é е в н а *(оживлённо.)* Прекрáс-но. Мы вы́йдем... Яша, allez! Я её позовý... *(В дверь.)* Вáря, остáвь всё, подú сюдá. Идú! *(Ухóдит с Яшей.)*

Л о п á х и н *(поглядéв на часы́).* Да... *(Пáуза.)*

За двéрью сдéржанный смех, шёпот, наконéц, вхóдит В á р я.

В á р я *(дóлго осмáтривает вéщи).* Стрáнно, никáк не найдý...

Л о п á х и н. Что вы и́щете?

В á р я. Самá уложúла и не пóмню. *(Пáуза.)*

Л о п á х и н. Вы кудá же тепéрь, Варвáра Михáй-ловна?

В á р я. Я? К Рагýлиным... Договорúлась к ним смотрéть за хозя́йством... в эконóмки, что ли.

Л о п á х и н. Это в Яшнево? Вёрст сéмьдесят бýдет. *(Пáуза.)* Вот и кóнчилась жизнь в э́том дóме...

В á р я *(оглядывая вéщи.)* Где же э́то... Или, мóжет, я в сундýк уложúла... Да, жизнь в э́том дóме кóнчи-лась... бóльше ужé не бýдет...

Л о п á х и н. А я в Хáрьков уезжáю сейчáс... вот с э́тим пóездом. Дéла мнóго. А тут во дворé оставля́ю Епихóдова... Я его нáнял.

В á р я. Что ж!

Л о п á х и н. В прóшлом годý об э́ту пóру ужé снег шёл, éсли припóмните, а тепéрь тúхо, сóлнечно. Тóлько что вот хóлодно... Грáдуса три морóза.

В á р я. Я не погляде́ла. *(Пáуза.)* Да и разбúт у нас грáдусник... *(Пáуза.)*

Г ó л о с   в   д в е р ь   с о   д в о р á. «Ермолáй Алек-сéич!..»

Л о п á х и н *(тóчно давнó ждал этого зóва.)* Сию́ минýту! *(Бы́стро ухóдит.)*

Вáря сидúт на полý, положúв гóлову на ýзел с плáтьем, тúхо рыдáет. Отворя́ется дверь, осторóжно вхóдит Любóвь Андрéевна.

Л ю б ó в ь   А н д р é е в н а. Что? *(Пáуза.)* Нáдо éхать.

В а р я *(ужé не плáчет, вы́терла глазá)*. Да, порá, мáмочка. Я к Рагу́линым поспéю сегóдня, не опоздáть бы тóлько к пóезду...

Л ю б ó в ь А н д р é е в н а *(в дверь)*. Áня, одевáйся!

Вхóдят А н я, потóм Г á е в, Ш а р л ó т т а И в á н о в н а. На Гáеве тёплое пальтó с башлыкóм. Схóдится прислу́га, извóзчики. Окóло вещéй хлопóчет Е п и х ó д о в.

Л ю б ó в ь А н д р é е в н а. Тепéрь мóжно и в дорóгу.

А н я *(рáдостно)*. В дорóгу!

Г á е в. Друзья́ мои́, ми́лые, дороги́е друзья́ мои́! Покида́я э́тот дом навсегда́, могу́ ли я умолча́ть, могу́ ли удержа́ться, чтобы не вы́сказать на проща́нье те чу́вства, которые наполня́ют тепéрь всё моё существó...

А н я *(умоля́юще)*. Дя́дя!

В á р я. Дя́дечка, не ну́жно!

Г á е в *(уны́ло)*. Дуплéтом жёлтого в середи́ну... Молчу́...

Вхóдит Т р о ф и́ м о в, потóм Л о п á х и н.

Т р о ф и́ м о в. Что же, господá, порá éхать!

Л о п á х и н. Епихóдов, моё пальтó!

Л ю б ó в ь А н д р é е в н а. Я посижу́ ещё одну́ мину́тку. Тóчно рáньше я никогдá не ви́дела, какие в э́том дóме стéны, какие потолки́, и тепéрь я гляжу́ на них с жáдностью, с такóй нéжной любóвью...

Г á е в. Пóмню, когдá мне бы́ло шесть лет, в Трóицын день я сидéл на э́том окнé и смотрéл, как мой отéц шёл в цéрковь...

Л ю б ó в ь А н д р é о в н а. Все вéщи забрáли?

Л о п á х и н. Кáжется, всё. *(Епихóдову, надевáя пальтó.)* Ты же, Епихóдов, смотри́, чтобы всё бы́ло в поря́дке.

Е п и х ó д о в *(говори́т си́плым гóлосом)*. Бу́дьте покóйны, Ермолáй Алексéич!

Л о п á х и н. Что э́то у тебя́ гóлос такóй?

69

Е п и х о́ д о в. Сейча́с во́ду пил, что́-то проглоти́л.
Я ш а *(с презре́нием).* Невѐжество…
Л ю б о́ в ь   А н д р е́ е в н а. Уе́дем — и здесь не
оста́нется ни души́…
Л о п а́ х и н. До са́мой весны́.
В а́ р я *(выдёргивает из угла́ зо́нтик, похо́же, как
бу́дто она́ замахну́лась; Лопа́хин де́лает вид, что испу-
га́лся).* Что́ вы, что́ вы… Я и не ду́мала.
Т р о ф и́ м о в. Господа́, идѐмте сади́ться в эки-
па́жи… Ужѐ пора́! Сейча́с по́езд придѐт!
В а́ р я. Пе́тя, вот они́, ва́ши кало́ши, во́зле чемода́-
на. *(Со слеза́ми.)* И каки́е они́ у вас гря́зные, ста́рые…
Т р о ф и́ м о в *(надева́я кало́ши).* Идѐм, господа́!..
Г а́ е в *(си́льно смущѐн, бои́тся запла́кать).* По́езд…
ста́нция… Круа̀зе в середи́ну, бе́лого дупле́том в у́гол…
Л ю б о́ в ь   А н д р е́ е в н а. Идѐм!
Л о п а́ х и н. Все здесь? Никого́ там нет? *(Запира́ет
боковую дверь нале́во).* Здесь ве́щи сло́жены, на́до за-
пере́ть. Идѐм!..
А н я. Проща́й, дом! Проща́й, ста́рая жизнь!
Т р о ф и́ м о в. Здра́вствуй, но́вая жизнь!.. *(Ухо́-
дит с Аней.)*

Ва́ря оки́дывает взгля́дом ко́мнату и неспеша́ ухо́дит. Ухо́дят Яша
и Шарло́тта с соба́чкой.

Л о п а́ х и н. Зна́чит, до весны́. Выходи́те, госпо-
да́… До свида́нция!.. *(Ухо́дит.)*

Любо́вь Андре́евна и Га́ев оста́лись вдвоём. Они́ то́чно жда́ли
э́того, броса́ются на ше́ю друг дру́гу и рыда́ют сде́ржанно, ти́хо,
боя́сь, чтобы их не услы́шали.

Г а́ е в *(в отча́янии).* Сестра́ моя́, сестра́ моя́…
Л ю б о́ в ь   А н д р е́ е в н а. О, мой ми́лый, мой
не́жный, прекра́сный сад!.. Моя́ жизнь, моя́ мо́лодость,
сча́стье моё, проща́й!.. Проща́й!..
Г о́ л о с   А н и *(ве́село, призыва́юще).* «Ма́ма!..»
Г о́ л о с   Т р о ф и́ м о в а *(ве́село, возбуждѐнно).*
«Ау́!..»

Л ю б о́ в ь А н д р е́ е в н а. В после́дний раз взгля-
ну́ть на сте́ны, на о́кна... По э́той ко́мнате люби́ла
ходи́ть поко́йная мать...

Г а́ е в. Сестра́ моя́, сестра́ моя́!..

Г о́ л о с А н и. «Ма́ма!..»

Г о́ л о с Т р о ф и́ м о в а. «Ау́!..»

Л ю б о́ в ь А н д р е́ е в н а. Мы идём!.. *(Ухо́дят.)*

Сце́на пуста́. Слы́шно, как на ключ запира́ют все две́ри, как пото́м
отъезжа́ют экипа́жи. Стано́вится ти́хо. Среди́ тишины́ раздаётся
глухо́й стук топора́ по де́реву, звуча́щий одино́ко и гру́стно.
Слы́шатся шаги́. Из две́ри, что напра́во, пока́зывается Ф и р с.
Он оде́т, как всегда́, в пиджаке́ и бе́лой жиле́тке, на нога́х ту́фли.
Он бо́лен.

Ф и р с *(подхо́дит к две́ри, тро́гает за ру́чку).* За́-
перто. Уе́хали... *(Сади́тся на дива́н.)* Про меня́ за-
бы́ли... Ничего́... я тут посижу́... А Леони́д Андре́ич,
небо́сь, шу́бы не наде́л, в пальто́ пое́хал... *(Озабо́ченно
вздыха́ет.)* Я-то не погляде́л... Мо́лодо-зе́лено! *(Бор-
мо́чет что-то, чего́ поня́ть нельзя́.)* Жизнь-то прошла́,
сло́вно и не́ жил... *(Ложи́тся.)* Я полежу́... Си-
лушки-то у тебя́ не́ту, ничего́ не оста́лось, ничего́...
Эх, ты... недотёпа!.. *(Лежи́т неподви́жно.)*

Слы́шится отдалённый звук, то́чно с не́ба, звук ло́пнувшей струны́,
замира́ющий, печа́льный. Наступа́ет тишина́, и то́лько слы́шно,
как далеко́ в саду́ топоро́м стуча́т по де́реву.

За́навес

1903 г.

NOTES

Number references are to page and line.
b indicates the number of lines from
the bottom of the page. For a key to
the abbreviations used in the Notes
and in the Vocabulary see pp. 97-8.

16.12   «Я-то хорóш, какóго чóрта
свалял!» "I'm a fine one. What
a fool I've made of myself!"
чóрта is pop. or dial. for the
standard дуракá in this saying.

16.17-18   «Багáж получить, то да сё...»
"The baggage (has to be) gotten,
one thing and another..."

16.16b   «...на дерéвне...» "...in the
village..." на instead of в
here is pop. or dial.

16.15-14b   «...кровь пошлá из носу...»
"...blood started to flow from
my nose..." The g. in -u is coll.;
note that the prep. is often stressed
when the noun takes the g. in -u.
Cf. also 57.13b.

16.8-7b   «Со свиным рылом в калáшный
ряд...» "With a pig's snout into
a bakers' row..." Lopakhin is out
of place. Note the spelling
калáшный prob. indicating a
dial. pronunciation.

16.7b   «Тóлько что вот богáтый...»
"The only thing is that I am
rich..."

16.6-5b   «...то мужик - мужикóм...»
"...a peasant is a peasant..."
When the same noun is both subj.
and pred., and there is no vb.
link, the pred. may be in the i.

16.1b   ‹Что ты, Дуняша, такáя...› "What's wrong with you, Duniasha, you are so..."

17.4   ‹Нáдо себя́ пóмнить.› "You must behave yourself properly." A coll.-pop. formula, also occurring 36.14.

17.11   ‹И квáсу мне принесёшь.› "And bring me some kvass." Note that Lopakhin, in addressing an inferior, uses the 2 sg. pf. fut. for the impv. Cf. 35.11b and 45.3. The -и g. in квáсу is coll.

17.12   ‹Слýшаю.› "Yes, sir." Cf. 45.4, where Lopakhin gives the same answer.

17.17,19   ‹...позвóльте вам присовокупи́ть ...что нет никакóй возмóжности.› "...permit me to say to you in addition ...that there is no possibility(=hope)."

The bookish inf. присовокупи́ть used with coll. нет никакóй возмóжности produces a comical effect.

17.15-16   ‹Наш кли́мат не мóжет способбствовать в сáмый раз.› "Our climate doesn't assist at the right time." The bookish inf. is without a compl. and combined with the coll. ‹в сáмый раз›.

17.15b.   ‹И я не ропщý...› "I do not grumble..." - again bookish vb.

18.6   ‹Пойдём встречáть.› "Let's go to meet (them)." Most basic vbs. of motion are followed by impf. inf. Cf. 18.13.

18.17-16b   «(...сквозь слёзы)» "(...through tears)." Chekhov stated that this only meant with emotion.

18.14b   «(Любо́ви...)» "(To Liubov ...)" Note that used as a forename, this noun does not drop the -o in decl.

18.6-5b   «Каково́? Каковы́ поря́дки?» "How's that? How's that for efficiency?" Cf. 26.13 and 50.14.

18.4-3b   «Моя́ соба́ка и оре́хи ку́шает.» "My dog eats nuts too." The very polite vb. ку́шать is out of place used for a dog.

18.2b   «Вы поду́майте!» "Just think!" Epikhodov repeats this eight times.

19.5   «Вы уе́хали в Вели́ком Посту́...» "You left at Easter..."

19.10   «...по́сле Свято́й...» "...after Holy Week..."

19.17b   «...Пётр Серге́ич прие́хали» "...Petr Sergeich came." Note the common conversational (the only form in this text, used seventeen times) contracted form of the patronymic and the pl. vb. used by servants referring to a superior, instead of the masculine singular. Cf. 19.15-13b, «В ба́не спят, там и живу́т. Бою́сь, говоря́т, стесни́ть. На́до бы их разбуди́ть...» "He sleeps in the bath-house, and lives there.

I am afraid, he says, of being in
the way. He ought to be awakened..."
But cf. 19.12-13b, where Varvara is
not referred to with this deferential
pl.

20.11 «...бколо Ментбны...» "... near
Menton..." Menton (Alpes-Maritimes)
is one of the most popular winter
resorts on the Riviera.

20.20 «Где там.» "Of course not/How
could that be?"

20.15b «Ме-е-е...» This sound is supposed
to indicate the foolishness of the
girls' worrying about the estate;
Lopakhin has a plan to save it for
Liubov . It indicates the bleating
of a sheep, the English 'baa'.

20.6b «...емý не до менá...»
"... he has no time for me..."
Recurs 51.6.

21.13 «Должнб...» "Probably..."
Должнб in the sense of должнб
быть is probably a dial. element.

21.19b «Какбй вы стáли...» "What you've
become (=How you've changed)..."
Today the i. is the norm after стать
for the noun. Cf. 36.7, 36.9-10
and 51.12-13.

21.7b «Это к добрý.» "That's lucky."

22.5-6   «Ба́рыня здесь бу́дут ку́шать...»
          "The mistress will drink (her coffee)
          here..." Note the deferential pl.
          vb. used by the servant (in discharge
          of his duties; cf. 22.14-15), as
          well as ку́шать in the sense of
          'drink'.

22.15b   «Жёлтого в у́гол! Дупле́т в
          середи́ну!» "I pot the red into
          the corner pocket! I double into
          the middle!" Note the curious
          technical use of the g.-a.,
          жёлтого, which recurs 37.3,
          43.9-8b, 65.15-16, and 69.18.

22.14b   «Ре́жу в у́гол!» "Screw shot into
          the corner!"

22.10b   «Кого́?» "What?" Gaev's super-
          cilious form for the interrogative,
          repeated 30.9b, 31.13b, 37.8, and
          38.13b.

23.8   «...пора́ и честь знать.»
          "One must not overstay one's
          welcome/It's time to go."

23.15   «Погляде́ть...» "(I'll go)
          to see..."

23.19-20 «Ви́дит Бог, я люблю́ ро́дину...»
          "God knows I love my country."
          «Ви́дит Бог» is a pop. expression.

77

23.8-7b   ‹...пропадáй моя́ телéга, все
четы́ре колесá...› "... I've
completely fallen for her..."
Note in this saying the modal use
of the impv., always the 2 sg.,
here expressing arbitrarily im-
posed obligation. In this sense
the vb. is usually impf.

24.11   ‹Да, цáрство небéсное.›
"Yes, God rest (her) soul"
(literally "the Kingdom of Heaven")
Cf. 47.8-7b and 67.13.

24.12   ‹Петрýшка Косóй...› "Petrushka
the Cross-eyed..."

24.17b   ‹... вы не беспокóйтесь...›
"... Don't you worry..." In the
impv., the use of the vb. without
the pron. is normal; the pron.
before the vb. strengthens the
impv. Recurs 30.19, 32.3b, 33.6,
41.13b, 66.3, and 69.5b.

24.12b   ‹... под дáчи...› "... for
holiday cottages..." Cf. 36.4b
and 38.16.

25.17   ‹Нет и нет.› "Absolutely not."

25.16b   ‹Дéнег бы́ло!› "There was (a lot
of) money (=They brought in a lot
of money)!"

26.10-9b   ‹От шарá напрáво в ýгол! Рéжу
в срéднюю!› "In off on the right
into the corner! Screw shot into
the middle!"

26.4b	‹Дайте-ка сюда...› "Do give them here..." The particle -ка softens the impv.
27.4	‹Экая прброва› "What a glutton." More elements of a pop.-coll. character.
27.5-6	‹Они были ... скушали...› "He was...ate..." Firs uses the deferential pl. past instead of the m. past referring to Pishchik.
27.7	‹О чём это он?› "What's that he's (talking) about?" Vb. omission is common in Russ., especially vbs. of speaking.
27.16b	‹Не надо. Я спать желаю.› "I don't want to. I wish to sleep." This construction is probably modelled on Ger. "Nicht nötig. Ich möchte schlafen." ‹желаю› is high-flown here.
27.5b	‹...это Варин жениибк.› "...that's Varia's fiancé." Варин is the poss. adj. from Варя. Note the familiar style of 27.6-5b.
28.4-5	‹... завтра по закладной проценты платить...› "... tomorrow (I must) pay interest on the mortgage..."

28.15-16 «Кóфе вЫпит, мóжно на покóй.»
"The coffee is finished; (we) can
(go) to rest." Vb. omission in
Russ. is common, especially vbs.
of motion and speaking. Cf. 27.7.

29.13-12b «Говорúла ведь, Пéтя, чтóбы
погодúли до зáвтра.» "I did
tell you, Petia, to wait until
tomorrow." This use of the vb.
is dial., and recurs 59.5. Note
зáвтра as an indecl. noun here.

29.8b «БУдет, бУдет...» "There,
there... (=that will do/please
stop)"

30.5 «... я бУду вéчным студéнтом.»
"...I'll be an eternal student."
Here Trofimov obliquely remarks on
his revolutionary activities.
"Eternal students" did not finish
the university because of police
attention directed at them for
such activities.

30.12 «А Ётот всё своё.» "And this
one keeps on about his (one and
only interest)."

30.20 «Дам я емУ, держú кармáн.»
"I'll give it to him; hold your
pocket open wider." Sarcastic
and familiar; there is no hope
that anything will be given.

30.12b «Отойдú, любéзный, от тебя́
кУрицей пáхнет.» "Move away,
dear fellow, you smell of the hen-
house." Annoyance at his sister's
request gives rise to this super-
cilious remark.

30.8-7b   ‹...со вчера́шнего дня...›
"...since yesterday..." Note
that вчера́, unlike сего́дня
and за́втра, cannot be used as
an indecl. noun. Cf. 29.12b.

30.4b   ‹Очень ну́жно.› "As if I needed
to see her."

30.1b   ‹Если б ей во́лю...› "If (we
gave) her the freedom..."

31.5   ‹...ни одного́.› "... there
isn't one." Omission of нет.

31.7   ‹... хорошо́ бы пое́хать в
Яросла́вль...› "... it would
be good to go to Yaroslavl..."
Y. is the oldest Russ. city on
the Volga, northeast of Moscow.

31.17-18   ‹..., как там ни приду́мывай
смягча́ющие обстоя́тельства...›
"... no matter how you try to
think up extenuating circumstances
in this affair..." The impv. here
has modal function, and is accordingly necessarily 2 sg., expressing impossibility.

31.9b   ‹Что же...› "Why..."

32.5-6   ‹Молчи́те себе́ и всё.› "Keep
quiet and that's all there is to
it." The particle себе́
emphasizes the preceding vb. and
has a hint of reproach.

32.12   ‹...пя́тое-деся́тое...›
"... in snatches..."

32.4b «Когда́ же спать?» "When (are you going) to bed?" Vb. of motion omitted.

33.1 «Я челове́к восьмидеся́тых годо́в...» "I am a man of the eighties..." The 1880's were years of liberalism in Russia.

33.5 «Опя́ть ты...» "You're (talking) again..." Vb. of speaking omitted.

33.8 «От двух борто́в в середи́ну. Кладу́ чи́стого.» "Off two cushions into the middle. Pot the white." Cf. fn. 22.15b for g.-a. «чи́стого.»

34.18-19 «А я пры́гала salto-mortale...» "And I used to do the dive of death..." Acrobatic term from the Italian.

34.17-16b «...пото́м пошла́ в гуверна́нтки. "... then became a governess." Note the n.-a. of the noun denoting members of a profession, when used after в and vb. indicating entering the profession.

34.11-10b «Что мне до шу́много све́та, что мне друзья́ и враги́...» "What do I care for the bustle of the world; what do I care for friends and foes..." From a contemporary ballad.

34.5-4b «Бы́ло бы се́рдце согре́то жа́ром взаи́мной любви́...» "If only my heart were warmed by the fire of mutual love..." From the same as the preceding fn.

35.5-6 «За границей всё давно уже в
полной комплекции.» "Abroad
everything has long since been
fully constituted." The use of
комплекция to mean 'constitution,
build' is coll.-pop., and even so
Epikhodov uses the word incorrectly!

35.7 «Само собой.» "It goes without
saying." Само собой in the sense
of само собой разумеется is
pop.

35.9-10 «... но никак не могу понять
направления, чего мне собственно
хочется...» "... but I cannot at
all understand the trend of what I
properly want..." Направление
is incorrectly used, and with the
bookish собственно produces a
comic effect.

35.9-8b «Вы читали Бокля?» "Have you
read Buckle?" Henry Thomas Buckle,
Eng. historian (1821-1862), who
enjoyed great popularity in Russia.

36.6 «Не дай Бог застрелится.»
"God forbid that he shoot himself."
Note the 2 sg. impv. used with a
3 sg. subject, assuming an optative
force.

37.8-7b «... ступайте...» "... be off
with you..."

39.13b «Словно где-то музыка.» "It's
as if there were music somewhere."
The use of словно is a rare pop.
element in the lang. of Liubov .

39.8b	‹Не слыхáть.› "I don't hear anything."
39.3-2b	‹Вам не пьéсы смотрéть, а смотрéть бы почáще на самúх себя́.› "You shouldn't be watching plays, but watching yourself a bit more often." These are a modal use of the inf. expressing desirability. Such use without бы usually expresses a very strong desire. Cf. 71.1-2.
40.14	‹Онá у меня́ из простúх...› "She is of simple (=lowly) origin..."
40.17b	‹Где тебé!› "How could you get a job in a bank/Where...!" Cf. 20.20.
40.13b	‹Нéчего там...› "There is no need for this sort of thing..."
40.6b	‹А вóля вúшла...› "And (when) the emancipation took place..." вóля is used here in a pop. sense, as in 40.5b.
41.1	‹А ещё бы.› "I'll say/I should say so."
41.2	‹... всё враздрóбь...› "... everything is mixed-up..." This meaning of the adv. is dial.
41.6	‹... дать под вéксель.› "... give (a loan) in exchange for a promissory note."

41.12-11b   «Позвóльте вас спросúть, как
вы обо мне понимáете?» "Permit
me to ask you, what do you think
about me?" The combination of the
lit. first clause with the coll.-
pop. second produces a comic effect.

41.9-8b   «Вот как в смы́сле обмéна
вещéств...» "Well now in the
sense of metabolism (=in the process
where one form of matter is con-
verted to another)..."

42.17   «Страсть!» "Terribly!" Another
coll. element.

43.8   «Инóй раз...» "Sometimes..."

43.15b   «... ты блéщешь ...» "You
glitter..." This vb. has alternate
conj., 1st or 2nd, in the pres.;
used metaphorically the 1st is
more usual.

43.5-4b   « ...звук лóпнувшей струны́...»
"... the sound of a breaking string..."
This is autobiographical, an early
memory of the author, who on a summer
holiday in the Ukraine had heard the
sound of a bucket falling down a
mine shaft in a mine disaster.
Repeated 71.4b.

44.14b   «Брат мой, страдáющий брат...»
"My brother, suffering brother..."
From a poem of S. Nadson (1862-1887),
the most famous of the 'civic' poets
of the '80's, «Друг мой, брат мой,
устáлый, страдáющий брат.»

44.14-13b   «Выдь на Вóлгу: чей стон...»
"Come out to the Volga: whose
groan..." From a poem of N. A.
Nekrasov (1821-1878), «Размышлéния
у парáдного подъéзда.» (1858).
The major subject of Nekrasov's
poetry was social compassion; the
'civic' poets acknowledged Nekrasov
as their master.

44.13b   «Мадемуазéль...» "Mademoiselle..."
This Fr. word, and the retorts 44.16b,
5b, the quotation from poetry of social
compassion, and the obs. form of
россиянин, all apparently heard from
members of the upper classes who had
"gone among the people", in the mouth
of a vagabond have an excessively
bookish and comic effect.

45.4   «Слýшаю.» "Yes, ma'am." Cf. 17.12,
where the same answer was given to
another 2 sg. pf. fut. used as an
impv.

45.9, 12-13 Two misquotations from *Hamlet*, Act lll,
sc. i, Охмéлия being a mispronun-
ciation of Ophelia.

47.10-9b   «...попáл в стáю, лай не лай, а
хвостóм виляй.» "... if you've
landed in a pack, whether you bark or
not, you've got to wag your tail (="When
in Rome, do as the Romans do."), this
saying another element of pop. Russ. in
Pishchik's speech.

48.5   ‹...игра́ют на билья́рде.›
"...play billiards." на + p.
to express playing billiards is
quite usual, in addition to в + a.
to express the same idea, the norm
for playing games expressed by
в + a. Recurs 51.18b, 57.7, and
57.16.

48.19   ‹Ни́цше...› "Nietzsche..."
Friedrich Wilhelm Nietzsche (1844-
1900) enjoyed great popularity in
Russia at the time of the writing
of the play.

48.13-12b   ‹...хоть фальши́вые бума́жки
де́лай...› "... even if I made
counterfeit notes...(that could
be understood or forgiven)" Here
is a modal use of the impv., the
2 sg. the only form used modally,
equivalent to a cond. clause with
е́сли "if".

49.8   ‹Да́йте сюда́, о мой ми́лый
господи́н Пи́щик.› "Give (them)
here, oh my dear Mr. Pishchik."
мой ми́лый господи́н is modelled
on the Ger. "mein lieber Herr."

49.16-15b   ‹Вы тако́й хоро́ший мой идеа́л...›
has a syntax following an older Ger.
model.

49.15-14b   ‹Вы, суда́рыня, мне то́же о́чень
понра́вился.› "I also like you
very much, madame." Note Charlotta's
mistake; the vb. is in m. sg.,
instead of the pl.

49.8-7b "Guter Mensch, aber schlechter
Musikant." "(A) good man, but
(a) bad musician." Charlotta
questions Pishchik's capacity
in romance by means of this
Ger. proverb.

49.3-1b ‹... я желáю продавáть...
Не желáет ли кто покупáть?›
"I wish to sell (it)... Doesn't
someone wish to buy (it)?"
The verb желáю is modelled on
Ger. 'wünschen' and stylistically
wrong for the context in Russ.,
being too high-flown. Both infs.
should be pf.

50.11 ‹Конéц!› "The end!" The
expected Russ. here would be ‹Всё!›
‹Конéц!› is a translation of the
Ger. 'Schluss'.

51.12b ‹...боялась, как бы у нас
ромáна не вы́шло.› "... she was
afraid that we might have a love
affair." After a vb. of fearing
that something positive might
happen, the conj. чтóбы or
как бы is used plus the pleonastic
не plus the hypothetical mood.
Note the noun in the g. due to the
force of the negation, despite the
vb. being intr. Cf. 70.3-4 and
70.8b.

52.9b ‹... нáдо курс кóнчить.› "You
must finish your course/studies
(=you must drop your revolutionary
activities)."

54.1-2 ‹...кто́-то бы́стро идёт по
ле́стнице и вдруг с гро́хотом
па́дает вниз.› "...someone
quickly walks down the stairs and
suddenly with a crash falls down."
Cf. the schoolmaster Belikov in
Chekhov's ‹Челове́к в футля́ре›
("The Man in a Case"), who also
similarly falls down a staircase
before a romantic interest.

54.10 ‹Гре́шница› ("The Sinner") - a
poem in six parts (1857?) by
А. К. Tolstoy (1817-1875).

54.12b ‹Что́-то ослабе́л я.› "I've
become somewhat weak/feeble."
Что́ то here is an adv. (coll.).
This is the first mention of his
illness.

55.8 ‹... того́ гляди́...› "I'm afraid..."
Coll. phrase.

55.9 ‹Эх, мо́лодо-зе́лено.› "Oh, he has
a lot to learn!" (iron. of young or
inexperienced person). Repeated 71.9b.

55.10 ‹Поди́те...› "Go...", coll. for
Пойди́те. Cf. 68.5.

55.13-12b, 10b, 5-4b ‹Позво́льте обрати́ться
к вам с про́сьбой, бу́дьте так
добры́!› ‹...сде́лайте ми́лость.›
‹...бу́дьте так добры́!› "Be so kind
as to permit me to address you with a
request!", "...be so good." "...be so
kind!" These bookish or obs. forms
of politeness are strange from the
lackey.

56.10-7b   ‹Но, конéчно, éсли взглянýть
с тóчки зрéния, то вы, позвóлю
себé так вѝразиться, извинѝте
за откровéнность, совершéнно
привелѝ меня́ в состоя́ние дýха.›
"But of course if (you) look from the
point of view, then you, I'll permit
myself to express myself this way,
excuse me for the frankness, have
completely brought me to a state
of mind." Incomprehensible.
‹... с тóчки зрéния...› and
‹...состоя́ние дýха...› are
both incomplete, without complements.

56.2-1b   ‹Тепéрь я мечта́ю. (Игра́ет вéером.)›
"'Now I am day-dreaming.' (Plays with
the fan.)" More imitation of her
superiors. Cf.56.17-18.

57.9-10   ‹С меня́ взы́скивать, позвóльте
вам вы́разиться, вы не мóжете.›
"Permit me to express to you (that)
you cannot call me to account." In
the phrase ‹позвóльте вы́разиться›
так has been replaced by вам,
and linked with the bookish vb.
взы́скивать (incorrectly used)
produces a comic effect.

57.16b   ‹...деликáтным спóсобом.›
"... in a delicate manner." The lit.
norm would be to use ‹деликáтно›
here.

57.13b   ‹...дýху...› is another coll.
-u g.

58.5	‹Ви́дом видáть, слы́хом слыхáть...› "Here he is in person..." A pop. saying.
58.10	‹Отчегó так дóлго?› "Why (have you taken) so long?" Vb. omission.
58.6b	‹Дашь мне, Фирс, переодéться.› "Let (=Help) me change clothes, Firs." Note the 2 sg. pf. fut. used for an impv.; cf. 17.11 and 45.3.
58.4b	‹Что на торгáх?› "What (happened) at the auction?" Vb. omission.
59.9	‹...надавáл...› "...bid..." Cf. also the same form in 59.10 and 59.13. This is commercial usage.
59.12	‹...надбавля́ет...› "... raises (=kept raising)..." Commercial usage.
59.13-12b	‹Это плод вáшего воображéния, покры́тый мрáком неизвéстности...› "This is a figment of your imagination, shrouded in mystery (literally, 'wrapped in the gloom of obscurity')." Interjection of lit.-bookish Russ.
60.1-2	‹...не вернёшь тепéрь.› "... You will not bring back (the past) now." Omission of compl.
60.9	‹Пускáй всё...› "Let everything (be)..." Vb. omission.

61.3-5 ‹Я такóго мнéния... нарóд
дóбрый, но мáло понимáет.›
"I am of the opinion... that the
people are good, but understand
little." Curious juxtaposition
of the bookish phrase ‹такóго
мнéния› and the pop. phrase
‹мáло понимáет› ="uneducated".

61.11 ‹Я не смоглá!› "I couldn't
(help it)!" Omission of com-
plement.

61.15 ‹...привéзть...› "... to
bring..." This form of the inf.
instead of привезти́ has a
coll.-pop. flavor

61.17 ‹Знал бы - не покупáл.›
"If I had known it, I wouldn't
have bought it." Omission of the
particle бы in the result
clause.

61.18 ‹Ну, и я пить не стáну.›
"Well, I won't drink either."
The fut. of стать can be used
as an auxiliary vb. together with
an impf. inf. to form a compound
impf. fut. This is especially
common in neg. utterances.

61.20 ‹С отъезжáющими!› "(I drink)
together with (=to) those who are
leaving!"

61.8b ‹Стрóиться хорошó.› "It's
good weather for building."

92

62.10b   ‹Ежели нýжно...› "If you need
it..." The conj. is coll.

62.8b   ‹Ведь у вас нет!› "But you
don't have any!" Note the change
to the 2 pl. pron., which is con-
tinued in 62.7, then discontinued
in the Lopakhin-Trofimov dialogue.

63.1-2   ‹Я веснóй посéял мáку тÿсячу
десятúн, и тепéрь зарабóтал
сóрок тÿсяч чúстого.› "In the
spring I sowed a thousand desiatinas
(=2700 acres) in poppy seed, and now
I have earned forty thousand clear."
The -u in мáку is coll.; the phrase
‹чúстого› is commercial usage.

63.9   ‹Дай мне...› "If you were to
give me..." This is a modal use of
the impv., in such cases only the
basic form used, equivalent to a cond.
clause with ‹éсли› "if".

63.16b   ‹...нос дерём, а жизнь знай
себе прохóдит.› "... look down our
noses, but life continues without
paying any attention to us."
‹знай себé› and ‹нос дерём›
are both coll.

63.12-11b   ‹... циркулÿция дéла не в éтом›
"... the circulation of the affair
is not in this (=... that's not what
makes things work)." Awkward usage
apparently from his reading.

63.4b   ‹Сейча́с, сейча́с...Экие, пра́во.›
"(I'll do it) right away, right
away... Really, such people."

64.5-6   ‹Что ж спра́шивать по десяти́ раз!›
"Why ask ten times each?" Note the
g. pl. noun раз after the d. numeral
десяти́ in the distributive sense.

64.6-8   ‹Долголе́тний Фирс, по моему́
окончȧтельному мне́нию, в
почи́нку не годи́тся, ему́ на́до
к пра́отцам.› "The aged Firs, in
my final opinion, is not worth repair;
he should be sent to his forefathers."
A curious mixture of bookish phrases,
‹долголе́тний› and ‹по моему́
окончȧтельному мне́нию› and the
everyday ‹в почи́нку не годи́тся›,
used metaphorically.

64.17b   ‹Хоть бы взгляну́ли разо́чек...›
"You could at least look (at me)
once..."

64.12b   ‹... то́лько нас и ви́дели.›
"... and you won't see any more
of us."

64.9b   ‹... бу́дет с меня́.›
"... that'll do/that'll be enough
for me."

65.2   ‹От кого́ э́то селёдкой па́хнет!›
"Who's that smelling of herring!"
This was a staple food of the Russ.
lower classes. Cf. 30.12b.

65.6	‹Пройдёт зима, настанет весна...› "Winter will pass; spring will come..." Subj. and vb. are usually inverted when vb. is one which denotes coming into existence, existing, or passing. Cf. 65.10 and 71.3b.
66.14	‹Мой почтеннейшие...› "My most revered..." Note Pishchik's fondness for superlatives. Cf. 66.17-18, 66.19, 66.24-25, 67.7, 67.14 in this scene alone.
66.15-16	‹...ухожу от греха...›- phrase used when avoiding an unpleasant situation - "... I really must leave..."
67.6	‹То-то я гляжу на мебель... чемоданы...› "I am looking at furniture and suitcases..."
67.19	‹Ещё минут пять можно...› "(We) can (sit) for about five more minutes..."
68.14-15	‹Договорилась к ним смотреть за хозяйством... в экономки, что ли.› "I have agreed to go to them to look after their household... as a kind of housekeeper." Что-ли (coll.) expresses uncertainty or hesitation.

68.13b   ‹... об э́ту по́ру...› "At this time..." Coll.-pop. phrase.

68.11b   ‹Гра́дуса три моро́за.› "About three degrees of frost." Cf. 17.13-14.

68.2-1b   ‹Что?... На́до е́хать.› "Well? We'd better go." Liubov realizes that she has failed in her attempt to betrothe Varia.

69.13-14   ‹...могу́ ли удержа́ться, что́бы не вы́сказать...› "... can I refrain from not expressing..."

70.3-4   ‹... и здесь не оста́нется ни души́...› "... and not a soul will be left here..." The neg. of the vb., even though it is intrans. explains the g. души́.

70.8   ‹Что вы, что вы... Я и не ду́мала.› "What's wrong with you? I didn't even think of doing anything."

70.11b   ‹До свида́нция!› "Good-bye!" This pronunciation is probably only a purposeful comic deviation from the norm.

71.8   ‹... на ключ запира́ют...› "... lock..." Запира́ть means 'to shut up; to bar, bolt', not necessarily by key, so the phrase на ключ is not redundant.

LIST OF ABBREVIATIONS

a.	accusative	i.	instrumental
adj.	adjective	impers.	impersonal
adv.	adverb	impf.	imperfective
affect.	affectionate	impv.	imperative
biol.	biology	indecl.	indeclinable
C.	Celsius, centigrade	inf.	infinitive
cf.	confer	intr.	intransitive
coll.	colloquial	iron.	ironical
collect.	collective	lang.	language
compl.	complement	leg.	legal
conj.	conjunction	lit.	literature; literary
d.	dative	m.	masculine
decl.	declension	med.	medicine
dial.	dialectal	mus.	music
dim.	diminutive	neg.	negation; negative
e.g.	exempli gratia	non-det.	non-determined
Eng.	English	obs.	obsolete
f.	feminine	p.	prepositional
F.	Fahrenheit	pej.	pejorative
fig.	figurative	pers.	person
fn.	footnote	pf.	perfective
fut.	future	phil.	philosophy
g.	genitive	pl.	plural
Ger.	German	pop.	popular
hist.	history	poss.	possessive

pred.	predicate
prep.	preposition
pres.	present
pron.	pronoun
q.v.	quod vide
Russ.	Russian
s.a.	sine anno
sc.	scene
sg., sing.	singular
subj.	subject
theatr.	theater
theol.	theology
trans.	transitive
vb.	verb
2	2nd person
3	3rd person

SELECTED VOCABULARY

The following vocabulary excludes the vocabulary found in 1) H. H. Josselson, *The Russian Word Count* (Detroit, 1953), lists 1-5 (2,197 words), and in 2) E. Steinfeldt, *Russian Word Count, 2500 Words Most Commonly Used in Modern Literary Russian* (Moscow, s.a.). The vocabulary has thus been shortened to 1,006 entries. No proper nouns are given here. Stress is shown by an acute accent. Distinct meanings are indicated by Arabic numerals, shades of meaning by a semi-colon, synonyms by a comma. Homonyms are indicated by a repetition of the head-word as a separate entry, followed by a superscript Arabic numeral. All nouns ending in a consonant are masculine; all ending in -a or -я are feminine; those ending in -o, -e, and -мя are neuter; nouns ending in -ь are masculine unless otherwise indicated. An infinitive is assumed to be imperfective unless otherwise indicated. When a pair of infinitives is given, the first is imperfective and the second perfective. When the aspectual pairs are found not together in the vocabulary, the perfective is cross-referenced to the imperfective. In Russian abbreviations, only the first letter of the word is given, unless an oblique case is given, in which case the first letter of the word is given followed by a dash and the ending.

А

адмирал admiral
азиатчина (obs.)
   barbarous way of life
аллея avenue; vista
алмаз (uncut) diamond
ан (dial.) on the
   contrary; but in fact
англичанин Englishman
анчоус anchovy
аплодировать to applaud
аптекарь druggist/
   chemist
аренда lease;
   отдавать/отдать в а-у
   to rent, lease (of
   owner, landlord)
арка arch
ау hi! halloo!
аукцион auction;
   продавать с а-а
   to sell by auction

Б

багаж baggage, luggage
бадья tub; bucket
бай-бай refrain of
   lullabies;
   идти б.-б. (with
   children) to go
   to bed

бал ball
балкон balcony
банк bank
банковский bank (adj.)
баня bath-house
барон baron
барыня barin's wife;
   lady; mistress
баста (coll.) that's
   enough! that'll do!
башлык hood
башмак shoe
бедняжка m. and f.
   (coll.) dim. of
   бедняга = poor thing,
   poor man, poor woman
безжалостно it is ruth-
   less, pitiless
безнравственный
   immoral
безобразие outrage;
   disgraceful, shocking
   thing
безобразно disgracefully,
   scandalously, out-
   rageously
безумец madman
безумно madly; terribly
беседка summer-house
бесперечь continuously;
   uninterruptedly

беспово́ротно irrevocably
беспоко́йство anxiety
бессмы́сленно
  senselessly
бессты́дник shameless
  person
бесче́стный dishonorable
билья́рд billiards
билья́рдный billiard
  (adj.)
  б-ая billiard-room
благода́рный grateful
благоле́пие (obs.)
  grandeur, magnificence
благословля́ть
  1. to bless
  2. to be grateful (to)
блю́дечко saucer; small
  dish
богате́ть to grow rich
бога́ч rich man
бо́дрость (f.) courage;
  good spirits
боково́й side
болта́ть (coll.) to
  chatter, jabber
болта́ться (coll.)
  1. to dangle, swing
  2. to hang about, loaf
босико́м barefoot
бра́во bravo!

бра́тец affect. or
  patronizing dim. of
  брат=brother; (as
  term of address) old
  man, good fellow
бре́дить to be delirious,
  rave
бро́шка brooch
бррр brr!
брю́ки (no sing.) trousers
буди́ть to wake, awaken
буке́т bouquet
бума́жка note; (paper)
  money
бума́жник wallet
быва́ло particle indicating
  repetition of action
  in past time
бытие́ (phil.) being,
  existence

В

вальс waltz
вальси́шка pejor. dim. of
  вальс
варе́нье preserves; jam
вари́ть to boil; to make
вбега́ть to run in
вдали́ in the distance,
  far off

вдвоём the two together
вдогбнку after, in
pursuit of
вду́маться (pf.) to think
over, to ponder
ве́ер fan
ве́ксель promissory note;
bill of exchange;
заём под в-я́ loan in
exchange for
promissory note(s)
велика́н giant
великоду́шный magna-
nimous, generous
велича́йший greatest,
supreme
величина́ size
венча́ться to be married,
marry
ве́риться (impers. + d.);
да́же ка́к-то не ве́рится
(I) somehow can hardly
believe it
верну́ть (pf.) to get back,
recover
ве́ровать (в + а.)
to believe (in)
вероя́тность (f.)
probability
по всей в-и in all
probability
веселе́е (it is) more
cheerful

весели́ться to enjoy
oneself, to amuse
oneself
вечере́ть (impers.)
to grow dark
вечербк dim. of ве́чер=
party; evening, soirée
вещество́ substance;
matter
взаи́мный mutual, reciprocal
взаймы́
доста́ть в. to get a loan
дать в. to lend, loan
вздра́гивать to shudder,
quiver
взойти́ see всходи́ть
взы́скивать (с + g.) to
call someone to account,
make someone answer
вида́ться/повида́ться (coll.)
to meet; to see one
another
виля́ть (+ i.) to wag;
в. хвосто́м-to wag
one's tail
вишнёвый cherry (adj.)
ви́шня
1. cherry-tree
2. cherry; cherries
(collect.)
владе́лец owner; proprietor
влюблённый
in love

влюбляться to fall in
love
внук grandson; grand-
child
вовремя at the proper
time
воз cartload
возбуждённо excitedly
возвышаться (impf. only)
to tower
воздушный air (adj.)
в. шар balloon
возмутительно it is
irritating,
infuriating
возмущаться to be
indignant; to be
exasperated
воображать to imagine
воображение imagination
восхищаться (+ i.) to
be carried away (by);
to admire
восьмёрка (cards) eight
восьмидесятый
в-ые годы the
eighties
вполголоса in an under-
tone, under one's
breath
враздробь confused,
mixed-up

вред harm
вскакивать to leap up
вскрикивать to cry out
всплёскивать
в. руками to clasp
one's hands (under
stress of emotion),
throw up one's hands
вспылить (pf.)
to flare up
встревоженно anxiously
встревоженный anxious
встряхивать to shake
всходить/взойти to rise
вторник Tuesday
выбрасывать to throw out
выводить to lead out;
в. из терпения
to exasperate
выдвинуть (pf.) to pull
out
выдёргивать to pull out
выжечь (pf.) to make a
mark, etc. by burning
выиграть (pf.) to win
выкурить (pf.) to smoke
вылакать (pf.) to lap up
вынимать to take out
выносить to carry out,
take out
выпивши (coll.) drunk
выразиться (pf.) to
express oneself
вырубить (pf.) to cut down

высохнуть (pf.) (fig.) to
    waste away, to fade
    away
выстрадать (pf.) to suffer;
    to go through
высший highest;
    в в-ей степени in the
    highest degree; higher
высыпать to pour out;
    to spill
вытереть (pf.) to wipe;
    to dry
выходной exit;
    в-ая дверь street door
вычистить (pf.) to clean
вязка bunch
вяло (fig.) listlessly

Г

гадость (f.) (coll.)
    filth, muck
гимназист high-school/
    grammar-school boy
гимназия high-school/
    grammar-school
гитара guitar
глазок dim. of глаз=eye
глина clay
глубже deeper
глубочайший most deep,
    vast
глупо it is foolish

глупость (f.) foolish,
    stupid action;
    foolish, stupid thing
глядеться (в + a.)
    to look at oneself
    (in)
глядь lo and behold!
гм hm
годиться to be fit (for),
    to be suited (for);
    никуда не годится
    is good for nothing
голубчик (coll.; as
    mode of address)
    1. my dear
    2. (iron.) my friend
гонять (non-det. impf.)
    to drive
горизонт horizon, skyline
горничная (house) maid
горох (no pl.) peas
госпожа lady
гостиная drawing-room,
    sitting-room
градус degree (unit of
    measurement);
    мороз в три градуса
    it is three degrees
    below zero (Centigrade)
    (=27°F.)
градусник thermometer
графиня countess
грешить to sin

грешница sinner (f.)
громаднейший
most enormous
грохот crash
грубо it is coarse
гувернантка
governess
гудеть to hum; to buzz

Д

давненько (coll.)
for quite a long
time
дача dacha (holiday
cottage in the country
in environs of city or
large town)
дачник (holiday) visitor
(in the country)
дачный adj. of дача, q.v.
дворянин nobleman;
gentleman
девать to put, do (with)
дедушка grandfather
действующий
д-ие лица (theatr.)
dramatis personae
декадент decadent, member
of the Symbolist or
Decadent movement
декламировать to recite,
declaim

декорация scenery,
décor
деликатный delicate
демисезон light over-
coat (for spring
and autumn wear)
деревцо sapling
десятина land measure
equivalent to
2.7 acres
детка (coll.) child
дивно it's marvelous,
wonderful
дивный marvelous,
wonderful
дитёся affect. dim.
of дитя=child
добродетельно
virtuously
доверенность (f.)
warrant, power of
attorney
доехать (pf.) to reach,
arrive
долголетний of many years;
aged
дорого dear(ly)
дорожный travelling
досадно it is annoying
доставаться (impers.;
coll.)
мне доставалось
I caught it, I suffered

105

достбйнейший most worthy, most deserving
дохбд income; revenue
дразнйть to tease
драть
1. (impers. only) to tear (up, to pieces);
д. нос (coll.) to turn up one's nose, to put on airs
2. to beat, flog
дряннбй (coll.) worthless; good-for-nothing
дуплéт doublet (at billiards)
дурáцкий (coll.) stupid, foolish
дýрно badly
дýся (coll., affect. mode of address) darling
дýшечка m. and f. (obs.; coll.) darling (affect. mode of address)
душйстый fragrant
дя́дечка affect. dim. of дя́дя=uncle

Е

еврéйский Jewish

Ж

жáдность (f.) greed; greediness; avidity
жать to press, squeeze
желáтельно it is desirable
женйть (impf. and pf.) to marry (off)
женишбк dim. and pejor. of женйх=fiancé
живйть to give life, animate
жилéт waistcoat, vest
жилéтка (coll.) waistcoat, vest

З

забрбшенный
1. neglected
2. deserted, desolate
зáвтракать/позáвтракать to have lunch
задýмать (pf.) to think (of)
задýматься (pf.) to become thoughtful; to fall to thinking
заём loan
з. под векселя́ loan in exchange for promissory note(s)
заéхать (pf.) to drop in call in

заждáться (pf.) (coll.)
  to be tired of waiting
зажи́ть (pf.) to heal
  (intrans.)
зазвáть (pf.) (coll.)
  to press (to come);
  to press an invitation
закати́ть=закати́ться
  (pf.) (coll.)
  to go off
закладнáя (leg.; obs.)
  mortgage (-deed)
закоченéть (pf.) to
  become numb
закрути́ться (pf.)
  to begin to whirl;
  закру́тишься ты you
  will get into trouble
заку́ривать to light up
  (cigarette, pipe, etc.)
зáла (obs. or coll.)=
  зал hall
замáхиваться/замахну́ться
  to raise threateningly
замечáтельнейший
  most remarkable
замечáтельно
  it is remarkable
замирáть to die away
заму́чить (pf.) to torment;
  to wear out; to plague
  the life out of
заму́читься (pf.) to be
  worried, feel unhappy

зáнавесь (f.)=зáнавес
  curtain
заперéть see запирáть
запивáть (+ a. and i.)
  to wash down (with)
запирáть/заперéть
  to lock;
  з. на ключ to lock
заплати́ть (pf.)
  to pay
запыхáться (coll.)
  to puff, pant
зарабóтать (pf.)
  to earn
зарасти́ (pf.) to be
  overgrown;
  доро́жка заросла́
  (that) path is closed
зарыдáть (pf.) to begin
  to sob
застрели́ться (pf.)
  to shoot oneself;
  to blow one's brains
  out
затворя́ть to shut, close
затéи (pl., obs.)
  embellishment;
  (lit.) conceit
затéять (pf.) (coll.)
  to organize
затрáтить (pf.) to
  expend, spend
зачéм-то for some reason
  or the other

звон (ringing) sound
зевать to yawn
зеркальце affect. dim.
  of зеркало=mirror
злодейка rascal,
  naughty woman
знаменитейший most
  famous, celebrated
зов call
зонтик umbrella

И

идеал ideal
идиот idiot
извозчик cabman
изволить (+ inf. or g.;
  obs. or ironical
  except in impv.)
  to wish, desire;
  чего изволите what
  can I do for you?
  извольте kindly,
  please be good
  enough
измучить (pf.) to
  tire out, exhaust
изумительный amazing,
  astounding
имение estate
интеллигенция
  intelligentsia
иронически ironically
ирония irony

искупить (pf.) (theol.
  and fig.) to redeem;
  to expiate, atone for
испуганно in a frightened
  way, frightened
испуганный frightened
исчезать to disappear,
  vanish

К

кавалер partner (at
  dances); (in mixed
  company on social
  occasions)
  (gentle-) man
калашный=калачный
  adj. of калач
  (kind of white,
  wheat-meal loaf)
калоша=галоша galosh
камердинер valet
канделябр candelabrum
карманный pocket (adj.)
картонка cardboard box
качать (+ i.) to nod,
  shake
кашлянуть (pf.) to
  give a cough
кашлять to cough
квас kvass (fermented
  drink made from
  grain and malt, or
  also from berries
  and fruit)

кéрченский Kerch (adj.)
кий cue
клéтчатый checkered
клймат climate
клоп bug
клочóк dim. of клок=
   scrap. bit;
     к. (землй) plot
     (of land)
клясться (+ d.) to swear,
   vow;
     к. чéстью to swear on
     one's honor
колóда pack (of cards)
колóдец well
комéдия comedy
контóрщик clerk
контрабáс (mus.)
   double-bass
кóнчик tip
коньячóк pop. dim. of
   коньяк=brandy
корáбль ship, vessel
корóбка box; packet
кóфе m. coffee
кофéйник coffee-pot
кóфий (obs.)=кóфе, q.v.
кошелёк purse
красáвец handsome man;
   Adonis
крепостнйк advocate of
   serfdom
крепостнóй serf
крокодйл crocodile

крóшка (coll., affect.
   of a child)
   little one
круазé "spot" or "croix"
   (billiards)
купáться to bathe, go
   swimming
кýрица hen
курьéрский fast;
     к. пóезд
   express train
кýшать/скýшать to eat

Л

лáвка shop
лай bark(ing)
лакéй footman,
   man-servant
ласкáться
   1. to make up to
   2. (coll.) to
   exchange caresses
легкомысленный thought-
   less; frivolous
леденéц fruit-drop
лезгйнка lezghinka
   (Caucasian dance,
   tune)
лекáрство medicine
ленйвый lazy
летáть (non-det. impf.)
   to fly
ливрéя livery

лóпнуть (pf.) to break,
  burst
лорнéтка dim. of лорнéт=
  lorgnette
лошадúный horse (adj.),
  of the/a horse;
  здорóвье у меня л-ое
  I am as healthy/strong
  as a horse
лýнный
  л-ая ночь moonlit
  night
любéзный (obs.) dear;
  (as mode of address
  to inferior) my (good)
  man
любóвница mistress
людскáя (obs.) servants'
  hall
лóстра chandelier
лягýшка frog

M

мадáм (indecl.) madam(e)
мадемуазéль (f.)
  mademoiselle
мак
  1. poppy
  2. (collect.) poppy-
  seed
малéйший least, slightest
малогрáмотный
  1. semi-literate
  2. crude, ignorant

мальчóнок pop., dim.
  of мáльчик=boy
мамáша (coll.) mama
мáмочка (coll.) mama
мандолúна (mus.)
  mandolin(e)
мариновáть to marinate;
  to put up
мéбель (f.)
  furniture
медикамéнт medicine
мерéщиться (coll.; + d.)
  to seem (to), appear
  (to);
  это тóлько мерéщится
  мне I am only imagin-
  ing this
местоположéние site
милéйший dearest
миллионéр millionaire
милосéрдный merciful
мúлостивый (obs.)
  gracious, kind
минýтка dim. of минýта=
  minute
минýточка coll. dim. of
  минýтка
мистúческий mystic(al)
многоуважáемый
  respected
могúльный grave (adj.)
  м-ая плитá gravestone,
  tombstone
молúтва
  prayer

молóденький affect. dim.
    молодóй=young
молóчный milk (adj.)
молчалúвый silent
монáшка coll. affect.
    dim. of монáхиня=
    nun
монéта coin
мочúть to soak; to steep,
    macerate
мужичóк dim. of мужúк=
    muzhik (Russ. peasant)
музыкáнт musician
мундúр full-dress
    uniform
мы́ло soap
мычáть to low, moo
мя́гко (fig.) mildly,
    gently

Н

навязáть (pf.) (fig.;
    + d. and a.) to foist
    (on)
надавáть (pf.) (coll.;
    + d. and a. or g.)
    to give (a large
    quantity of)
надбавля́ть=набавля́ть
    to add (to), increase
надóлго for a long time
надýмать (pf.) (coll.)
    to make up one's mind;
    to think up, make up

наединé privately,
    in private
наúгрывать (coll.)
    to strum
наказáние punishment
накáзывать to punish
накýрено it is smoky,
    full of (tobacco)
    smoke
налéво to the left
налúть (pf.) (+ i.)
    to fill (with)
наня́ть (pf.) to hire
напевáть to croon,
    sing in a soft voice
напúться (pf.) to
    have a drink
наполня́ть to fill
напрáво to the right;
    on the right
напрягáть to tense,
    strain (also fig.);
    н. мозгú to rack
    one's brains
напугáть (pf.)
    to frighten
насадúть (pf.)
    to plant
насекóмое insect
наслéдство inheritance,
    legacy
насмотрéться (pf.)
    (на + a.) to have
    looked enough (at),
    see enough (of)

111

настави́тельно reprovingly
настра́иваться (mus.) to
  tune up
настро́ить (pf.)
  (+ a. or g.) to build
  (a quantity of)
наступа́ть to begin; to
  ensue; to set in
натерпе́ться (pf.) (coll.)
  to have endured much;
  to have gone through
  much
натыка́ться (на + a.)
  to run (against),
  strike; to stumble
  (upon)
небо́сь (coll.) probably,
  most likely
нева́жно not too well,
  indifferently
неве́дение ignorance
неве́жество
  1. ignorance
  2. (coll.) bad manners
невероя́тный improbable,
  unlikely
нево́лить (coll.) to force,
  compel
не́где (+ inf.) there is
  nowhere
негодя́й good-for-nothing,
  scoundrel
негусто́й not thick,
  thinning

неделово́й unbusiness-
  like
недосяга́емый
  unattainable
недотёпа (m. and f.)
  (coll.) duffer;
  simpleton, nincom-
  poop
недоуме́ние perplexity,
  bewilderment
не́жно tenderly
нездоро́виться
  (impers. + d.)
  to feel unwell
нездоро́вый unwell,
  sick
неизве́стность (f.)
  1. uncertainty
  2. obscurity
неизлечи́мый incurable
неизъясни́мый
  inexplicable;
  indescribable
неисправи́мый
  incorrigible
не́кого (+ inf.) there
  is nobody (to)
  не́ с кем мне
  поговори́ть
  there is nobody for
  me to talk with
некста́ти inopportunely;
  mal à propos;
  unsuitable

не́куда (+ inf.) there is
   nowhere (to)
немно́гие few
ненагля́дный (coll.)
   beloved
нена́стный (of weather)
   bad, foul
нену́жный unnecessary;
   superfluous
необразо́ванный
   uneducated, ignorant
необъя́тный immense,
   unbounded
необыча́йнейший
   most extraordinary,
   most exceptional
необыча́йность (f.)
   до н-и to an extra-
   ordinary degree
необыча́йный extra-
   ordinary, exceptional
неодушевлённый inanimate
неподви́жно motionless(ly)
неподходя́щий unsuitable,
   inappropriate
непоня́тно it is incom-
   prehensible
неприли́чный improper;
   unseemly
неприя́тно it is un-
   pleasant, disagreeable
непро́чь not averse;
   willing
нерв nerve

нескла́дный
   1. incoherent
   2. absurd
неспеша́
   unhurriedly
несчастли́вый
   1. unfortunate,
   luckless
   2. unhappy
нетерпели́во
   impatiently
не́ту (coll.) = нет no
неуважи́тельный (obs.)
   disrespectful
неудержи́мо
   irrepressibly,
   irresistably
неудово́льствие
   unpleasant event
неу́мный foolish, silly
неую́тно it is uncom-
   fortable, comfortless
нехоло́дно it's not cold
нехорошо́ it's bad,
   things are bad
неча́янно accidentally;
   unintentionally
нечистота́ dirtiness
   (fig.), degradation
нея́сно vaguely, obscurely
ни́же (+ g.) beneath
ни́мфа nymph
ничто́жество a nonentity,
   a nobody

носи́ться (non-det. impf.)
(on water, in air) to
float, drift
ня́ня (dry-) nurse

O

обвали́ться (pf.) to fall,
collapse; to crumble
оби́женно in a hurt way,
in an offended way
обле́злый (coll.) shabby,
seedy
обме́н exchange;
о. веще́ств (biol.)
metabolism
о́бморок fainting fit;
swoon;
упа́сть в о. to faint
обнима́ть to embrace
обобра́ть (pf.) to rob
обознача́ться to appear
образо́ванный educated
обрыва́ться to stop
suddenly
обстоя́тельство
circumstance
обуча́ться (+ d.)
to learn
обходи́ться to manage,
make do
объясни́ться (pf.) to have
a talk; to have it out
огля́дка looking back

огля́дывать to examine,
inspect
огля́дываться to look
around
огрома́дный (pop.)=
огро́мный huge;
vast
огуре́ц cucumber,
pickle
огу́рчик affect. dim.
of огуре́ц; (coll.)
of person of ruddy,
healthy appearance
одева́ться to dress
(oneself); to put
one's things on
одино́ко lonely
одо́брить (pf.) to
approve (of);
не о. to disapprove
(of)
одолжи́ть (pf.) (+ d.)
to lend
оживлённо animatedly;
in a lively way
озабо́ченно in a
preoccupied way;
anxiously
озя́бнуть (pf.) to be
cold;
я озя́бла I am frozen!
оки́дывать to cast round;
о. взгля́дом to take
in at a glance;
to glance over

окончательный final,
definitive
окружить (pf.) to
surround; to
encircle
опоздать (pf.) to be
late; to be overdue
опрокинуть (pf.) to
overturn; to topple
over
орех nut
ослабевать/ослабеть to
weaken; to slacken
осматривать to examine;
to look over
осуждать to censure,
condemn
отвезти (pf.) to take
(away)
отворять to open (trans.)
отворяться to open
(intrans.)
отвратительно abominable
отвратительный
repulsive, disgusting
отвыкнуть (pf.) (от + g.
or inf.) to break one-
self (of the habit),
give up; to get out of
the habit of;
о. от простой жизни
to get out of touch
(with)
отдалённый distant, remote

отделить (pf.) to
separate off
отдышаться (pf.)
to recover one's
breath
отказать (pf.) (+ d.)
to refuse, deny
откровенность (f.)
frankness;
outspokenness
отнимать to take away
оторопеть (pf.)(coll.)
to be dumbfounded,
flustered
отпирать to unlock
отправлять to send
отпраздновать (pf.)
to celebrate
отравиться (pf.)
to poison oneself
отрицательно negatively
отчётливо distinctly;
precisely
отъезжать to drive off
отъезжающий (as noun)
departing person
офранцузить (pf.)
to frenchify
охотка
в о-у (coll.)with
pleasure, eagerly
очаровательнейший most
charming,
fascinating
очаровательный charming,
fascinating

ощупать see ощупывать
ощупывать/ощупать to feel;
   to grope about (in)

П

палочка dim. of палка=
   stick
панталоны(no sing.)(obs.)
   trousers
папаша (coll.) papa
пардон (I beg your) pardon
паспорт passport
пастух herdsman; shepherd
патер Father (in designa-
   tion of Catholic
   priest)
паук spider
пачули(no sing.)patchouli,
   patchouly
   1. an East Indian mint
   2. perfume from this
   plant
перевернуть (pf.) to turn
   over, turn upside down
перевод
   1. transfer
   2. translation
передняя (entrance) hall
переезжать to go (to
   another place);
   to move
перелистывать to look
   through, glance at

переодеться (pf.) to
   change (one's clothes)
переродить (pf.)
   to change
перестрадать (pf.,
   no impf.) to have
   suffered, have gone
   through
перчатка glove
печаль (f.) grief,
   sorrow
печально sadly
перенести (pf.) to
   endure, bear, stand
песенка dim. of песня=
   song
пиджак jacket, coat
пика (cards) spade
пилюля pill
планета planet
плач crying
плед rug, plaid
племянница niece
плодотворный fruitful;
   creative
плоский (fig.)
   flat; feeble
побеспокоить (pf.)
   to disturb
побыть (pf.) to stay
   (for a short time)
поверенный attorney;
   присяжный п. barrister,
   counselor-at-law

повеселе́ть (pf.) to cheer
   up, become cheerful
повида́ться see вида́ться
погиба́ть to perish
пода́гра gout, podagra
подгото́виться (pf.) to
   prepare, get ready
поддёвка man's light
   tight-fitting coat
поде́лать (pf., no impf.)
   (coll.) to do;
   ничего́ не поде́лаешь
   there is nothing to
   be done, it can't be
   helped
по-де́тски childishly,
   like a child
подкла́дка lining
подле́ц scoundrel, rascal
подно́с tray
подо́лгу for long; for
   hours, days, weeks,
   months, etc.
по-доро́жному
   оде́тый по-д. dressed
   in travelling clothes
подо́хнуть (pf.) (coll.;
   of human beings) to
   kick the bucket
подро́бность (f.) detail
подпева́ть (pf.) to join
   (in singing)
подурне́ть (pf.) to
   grow ugly

поду́шечка dim. of
   поду́шка=pillow,
   cushion
подъезжа́ть (к + d.)
   to drive up (to)
пожима́ть to press,
   squeeze;
   п. плеча́ми to
   shrug one's shoulders
поза́втракать see
   за́втракать
позавчера́ the day before
   yesterday
познако́мить (pf.)
   (+ a. and c + i.)
   to acquaint (with);
   to introduce (to)
поиска́ть (pf.) to look
   for, search for
пока́зываться to appear
покида́ть/поки́нуть
   to desert, abandon,
   forsake
поклони́ться (pf.) (+ d.)
   to bow (to); to greet
поко́йнее (поко́йней)
   calmer
поко́нчить (pf.) (c + i.)
   to finish (with),
   be through (with)
поко́рнейше most humbly;
   most obediently
поко́рно humbly;
   obediently

покриви́ться (pf.) to
become crooked, bent
поку́пка purchase
полведра́ half a bucket;
half a *vedro* (liquid
measure) = about
10½ pints
поле́гче (a bit) easier;
мы́сли п. (my) mind is
a bit easier
полежа́ть (pf.) to lie
(down) (for a while)
по́лно (coll.) enough
(of that); that will
do!
полнокро́вный (med.)
plethoric (morbid
condition character-
ized by excess of
blood in body)
полово́й (obs.) waiter
положи́тельно
positively
полусо́н half sleep
по́льзовать (obs.)
to treat
помере́ть (pf.) (coll.)
to die
поме́щик landowner,
landlord
поме́щица landowner,
landlord (f.)
помути́ться (pf.)
(impers.; coll.)
у меня́ в голове́
помути́лось

my head has started
to spin
помяну́ть (pf.)
1. to mention
2. to pray for,
remember one's prayers
(pray for repose of
dead or recovery of
the sick)
по-настоя́щему
properly, really
понове́е (a bit) newer
поно́шенный worn, shabby,
threadbare
попада́ться to find
oneself;
всё, что попада́ется
ему́ на пути́ everything
which lands in his way
по-пари́жскому in a/the
Parisian style
попа́хивать (coll.) (+ i.)
to smell slightly (of)
поправля́ть to adjust,
set straight
по́просту (coll.) simply,
without ceremony
попу́дриться see пу́дриться
попыта́ть (pf.) (+ a. or
g.; coll.) to try (out);
п. сча́стье to try one's
luck
поро́чный wanton, loose
портмоне́ (obs.) purse
по́рция portion; share
поры́висто impetuously

порядочный decent;
   respectable
по-свóему in one's own
   way
посéять (pf.) to sow
послезáвтра the day
   after tomorrow
поспéть (pf.) (coll.)
   (к + d.) to be in
   time (for), make
   it (to)
посредú (+ g.) in the
   middle of
постарéть (pf.) to
   grow old, age
постéлька affect. dim.
   of постéль (f.)=
   bed
пострóйка building
посыпáться (pf.)
   3 pers. only
   to start to spill
   out, scatter
потáсканный (pop.)
   worn, shabby
поторáпливаться (coll.)
   to hurry, hasten
потягиваться to stretch
   oneself
поубрáть (pf.) to tidy
   up a bit
по-францýзски in French
похолодéть (pf.)
   to grow cold

похорошéть (pf.) to grow
   prettier
похудéть (pf.) to grow
   thin
почáще (a bit) more often
пóчерк handwriting
починка repairing,
   mending
почистить see чистить
пóчта post-office
почтéннейший
   most respected
почтóвый post-office
   (adj.)
пошáтываться to totter,
   reel, stagger
пóшлость (f.) vulgarity,
   commonness
пóшлый vulgar, common
пошутить (pf.) to joke
пощадить (pf.) to spare
прáвнук great-grandson,
   great-grandchild
прáдед great-grandfather
прáотец forefather
превосхóдно
   (it is) superb
превосхóдный superlative;
   superb
прéдок ancestor
предчýвствие presentiment;
   foreboding
предчýвствовать to have
   a presentiment

(of, about), have a
premonition (of, about)
презрéние contempt, scorn
преклóнный
   п. вóзраст old age,
   declining years
прекрáсней more beautiful
прекрáснейший
   most beautiful
привéтствовать to greet,
   salute, hail
привлекáть (+ к + d.)
   to draw (towards)
придýмывать to think (of),
   think up, devise
приёмный foster, adopted
призрачный (fig.)
   illusory, imagined
призы́в call, appeal
призывáюще appealingly
прили́чие decency,
   propriety, decorum
прили́чно properly
припóмнить (pf.) to
   remember, recollect,
   recall
прислýга (collect.; obs.)
   servants, domestics
присовокупи́ть (pf.)
   to add; to say in
   addition
при́став (hist.) police-
   officer; chief of
   police

пристáть to pester,
   bother, badger
прися́жный (leg.; obs.)
   sworn;
   п. повéренный
   barrister, counselor-
   at-law
причёска hair-do
проглоти́ть (pf.) to
   swallow
продавáться (impf. only)
   to be on sale, be
   for sale
продáжа sale
продóлжить (pf.)
   to continue
проéсть (pf.) (coll.)
   to spend (on food)
происхождéние origin;
   descent, extraction
происшéствие event
промолчáть (pf.) to
   keep silent, say
   nothing
прóрва (coll.) glutton
просвáтать (pf.)
   (of bride-to-be's
   parents) to promise
   in marriage
проспáть (pf.) to miss,
   pass (due to being
   asleep)
простуди́ться (pf.) to
   catch a cold; to catch
   a chill

просыпа́ться to wake up, awaken (intrans.)
проходи́мец rogue, rascal
проце́нт interest
проща́нье=проща́ние farewell; leave-taking
проща́ться to say good-bye, bid farewell
проще́ние forgiveness, pardon
пря́жка buckle
пу́дриться/попу́дриться to powder one's face
пуска́й (coll.)=пусть let
  п. говори́т let (him) talk
пустота́ emptiness; void
пу́стынь (f.) hermitage, monastery, convent
пустя́шный=пустя́чный trifling, trivial
пух down
пчёлка dim. of пчела́=bee

р

раб slave; bondsman
равноду́шный indifferent
разболе́ться (pf.)(coll.) to start to ache
развито́й (intellectually) mature

раздави́ть (pf.) to crush; to squash
разда́ть (pf.) to distribute; to give out
разде́ться to undress
раздражённо irritably
разма́хивать (+ i.) to swing, wave about
размно́житься (pf.) to multiply (intrans.)
разо́чек coll. dim. of разо́к=coll. dim. of раз=time; once
разруша́ть to destroy
распоряди́ться (pf.) to manage
распусти́ть (pf.)(coll.) to spread, put out (rumors, etc.)
рассве́т dawn, daybreak
рассл́ышать (pf.) to catch;
  я не рассл́ышал вас I didn't catch what you said
рассчи́тывать to calculate
рассы́пать(pf.) to spill; to scatter
растеря́ть (pf.) to lose (little by little)
расха́живать to walk, pace

121

ребёночек affect. dim. of
    ребёнок = child
реверанс (obs.) curts(e)y;
    делать р. to curts(e)y
реветь (coll.) to cry
    loudly
револьвер revolver, pistol
ремень strap; belt
ресторан restaurant
ронять/уронить to drop,
    let fall
роптать to murmur, grumble
роскошнее (coll.) more
    luxuriant, more
    splendid
россиянин (obs.) Russian
    (noun)
рубить to chop (down),
    cut (down)
рублик affect. dim. (coll.)
    of рубль = ruble
рукомойник wash-stand,
    wash-hand-stand
русак (coll.) Russian
    (noun)
ручаться to guarantee
рыдать to sob
рыло snout

С

-с (obs.) miss, madam(e)
    (form of address,
    abbreviation of
    сударыня)

садовник gardener
самосознание
    consciousness
свадьба wedding
свалять (pf.)
    с. чёрта
    to play the fool
    (coll.)
свернуть (pf.) to wrap
    up, swaddle
сверх (+ g.) (fig.)
    above, beyond; over
    and above
светик affect. dim. of
    свет (dial.)=dear
светло it is light
свиной pig's
свирель (f.)
    (reed-)pipe
сдержанно restrainedly,
    reservedly
сдержанный suppressed
сё this (arch., except
    in certain set
    phrases)
селёдка herring
сельдь (f.) herring
сельтерский
    с-ая вода
    seltzer water
семенить to scurry,
    walk with quick,
    small steps
семидесятый
    с-ые годы the seventies

122

сенáт senate
серебрó silver
сéро (fig.) dully; drably
сжать (pf.) to squeeze
сжáться (pf.) to shrink,
    contract
сигáра cigar
силушка coll. dim. of
    сила = strength
сиплый hoarse, husky
сияние radiance
сказáться (pf.) (coll.)
    to give notice, give
    warning
скакáть
    1. to skip, jump
    2. to gallop
скамья bench
скáтерть (f.)
    table-cloth
сквéрный foul; bad
скворéц starling
склоняться (pf.)
    to bend (over)
сконфýженно confusedly,
    abashedly,
    disconcertedly
сконфýженный confused,
    abashed, disconcerted
скрипéть to squeak
скрипка violin
скрытый concealed
скýка boredom, tedium
скýпость (f.) stinginess

скýшать see кýшать
сливки (no sing.) cream
словáрь dictionary
сломáть (pf.) to break
    (up); to destroy
служáка (coll.; obs.)
    experienced,
    zealous employee
слыхом
    видом видáть,
    слыхом слыхáть
    (pop.) here he is
    himself, here he is
    in person
смáзать (pf.) to oil,
    lubricate
смелéе more bold
смешнó it is funny
смирный quiet
смрад stink, stench
смущéние embarrassment,
    confusion
смущенный embarrassed,
    confused
смягчáющий
    с-ие обстоятельства
    extenuating circum-
    stances
снести (pf.) to demolish
собáчка dim. of
    собáка = dog
совá owl
совáться (в + a.; fig.)
    to butt (in), poke
    one's nose (into)

совершёнствовать
to perfect
сóвестно to be ashamed
согрéть (pf.) to warm
сознáться (pf.)
to confess
сойтúсь see сходúться
сокрóвище treasure
сóлнечно it is sunny
сóлнышко affect. dim.
of сóлнце = sun
сорвáться (pf.) to
break away, break
loose
сорúть (+ a. or i.)
to throw about
(also fig.)
сосáть to suck
сочетáть (impf. and pf.)
to combine
сóчный juicy
сочýвствовать, to
sympathize (with),
feel (for)
спáться (impers. + d.)
мне не спúтся
I cannot get to sleep
способствовать
1. to assist
2. to be conducive
спьяна in a state of
drunkenness
стакáнчик dim. of
стакáн = glass

становúться to stand;
с. на колéни
to kneel
старичóк dim. of
старúк = old man
стáя (of dogs or wolves)
pack
ствол (of tree) trunk
стеснúть (pf.) to hamper;
be in the way
стихáть to die down
стон moan, groan
сторонúться (+ g.)
to shun, avoid
стрáстно passionately;
madly
страстнóй (adj.)
of Holy Week
С-ая недéля
Holy Week
струнá string
(of musical instrument,
etc.)
стрýсить (pf.)
1. to be a coward
2. to become frightened
студéнтик dim. of
студéнт=student
студéнческий student (adj.)
стянýть (pf.) to tighten;
to lace up (tightly)
сýдарь (obs.; mode of
address)
sir

сударыня (obs.; mode of
address)
madam(e), ma'am
сукно́ cloth
су́мочка dim. of су́мка =
bag, handbag; satchel
суп soup
сургу́ч sealing-wax
сушённый dried
суши́ть to dry
схвати́ться (pf.) (с + i.)
to grapple (with),
come to grips (with)
(also fig.)
сходи́ться/сойти́сь
1. to meet; to come
together
2. (с + i.) to meet,
take up (with); to
become intimate (with),
have an affair (with)
счастли́во happily; with
luck;
с. остава́ться
good luck!
съеда́ть to eat (up)
съе́здить (pf.) to go (and
come back by vehicle)
сы́ро it is damp
сы́рость (f.) dampness
сякой see такой-сякой

Т

таи́нственный mysterious

такой-сякой (coll.)
(a) so-and-so
такт tact
та́льмочка dim. of та́льма
(obs.) = talma
(sleeveless cloak)
тарака́н cockroach
тасова́ть to shuffle
(cards in a pack)
телегра́фный telegraph
(adj.);
т. столб
telegraph-pole
темне́ть (impf. only)
to show up darkly
терпе́ние patience
теря́ться to lose one's
self-possession; to
become flustered
тётка aunt
тётушка affect. dim.
of тётка
толкну́ть (pf.) to
push; to jog
томи́ть to tire;
to torment
топи́ть to stoke
(a boiler, a stove,
etc.)
то́поль poplar
топо́р axe
топота́ть (coll.)
(+ i.) to stamp
торги́ (pl.)
auction

торгова́ть
1. (impf. only)
to trade, sell
2. (impf. only) (of
shop or business) to
be open
торжествова́ть to exult
то́-то (coll.)
1. emphasizes point
of utterance
2. in exclamations
expressing emotion
or emotional judgment
т. п. = тому́ подо́бное;
и т. п. etc.,
and so on
тра́тить to spend;
to waste
тро́гательный touching;
moving, affecting
тро́гать to touch
Тро́ицын
Т. день
Trinity Sunday
трясти́сь to shake;
to tremble
тссс ssh! hush!
туз (cards) ace
ту́ловище trunk; torso
ту́фля shoe; slipper
туши́ть to extinguish,
put out

у

уа́ wah! (baby's crying)

убеждённый convinced
убира́ться (coll.)
to clear out, get
out
уве́рить (pf.)
to assure
уви́деться (pf.) to
see one another
уводи́ть to take away,
lead away
увольну́ть to dismiss
увя́зывать to tie up;
to pack up
угнетённый depressed
угоще́ние hospitality;
reception
у́держ
без у́-у (coll.)
uncontrollably,
without restraint
удержа́ться see
уде́рживаться
уде́рживаться/удержа́ться
(от + g.) to keep
(from), refrain
(from)
удо́бно it is convenient
у́жинать to have supper
уко́р reproach
укори́зненно
reproachfully
уложи́ть to pack
умиле́ние emotion, tender-
ness;
в у́-и emotionally,
tenderly

умник (coll.) clever
    person
умолчáть (pf.) to pass
    over in silence,
    fail to mention,
    suppress
умолять to entreat,
    implore
умоляюще imploringly
уныло dejectedly,
    despondently
уплáта payment
упоминáться to be
    mentioned, be
    referred (to)
урóд freak, monster
уронить see ронять
усáдьба (hist.)
    country estate
усáживаться to take
    a seat; to settle
    down
усéрдный zealous;
    officious
усидéть (pf.)
    1. to keep one's
    place, remain
    sitting
    2. (coll.) to
    hold down a job,
    keep a job
усиливаться (of noise)
    to grow louder
усмéшка smile; grin

усталь (f.) (obs. or
    coll.) = устáлость
    (f.) fatigue,
    weariness
    без у-и tirelessly
утерпéть (pf.) to
    restrain oneself
утéшить (pf.) to
    comfort, console
утирáть to wipe dry
утомиться (pf.) to
    get tired
утомлённый tired,
    weary, fatigued
утонýть (pf.) to drown
утренник morning-frost
утречком (coll.)
    in the morning
уф (expresses fatigue)
    ooh!
учáсток (of land) plot,
    strip;
    lot, parcel
ушибить (pf.) to injure
    (by knocking); to
    bruise

Ф

фальшивый false;
    forged, fake
физиологически
    physiologically
физионóмия physiognomy,
    face

фи́лин eagle owl
(*Bubo bubo*)
филбсоф philosopher
филосбфствовать
to philosophize
финанси́ст
1. financier
2. financial expert
фиоле́товый violet
фле́йта flute
фбкус (conjuring)
trick
форту́на (obs.) fate,
fortune
фрак tail-coat
фуй phooey! ugh!
фура́жка peak-cap

X

хам (coll.)· boor, lout
хвали́ть to praise
хи́щный predatory
х. зверь
beast of prey
хлбпать (по + d.)
to slap (on)
хлопота́ть to busy
oneself
хорбшенький
good-looking
храпе́ть to snore
ху́денький dim. of
худбй = thin

Ц

ца́пля heron
ца́рство kingdom
цвести́ to flower, bloom,
blossom
цвет blossom-time
в ц-у́ in blossom
целова́ться (с + i.)
to kiss
це́льный entire
цепбчка (small) chain;
leash
цили́ндр top-hat
циркуля́ция circulation;
ц. де́ла не в бтом
that's not what makes
things work

Ч

часбвенка dim. of
часбвня = chapel
чепуха́ (coll.) nonsense,
rubbish
червбвый (cards)
of hearts
чертбвски (coll.)
devilishly
честне́е more honest
четве́рг Thursday
чи́стить/почи́стить
1. to clean;
ч. щёткой to brush
2. to clear

чистю́лька=чисто́ля (m. and f.)
(coll.; pejor.) person
with passion for clean-
liness, purity; prig
чита́льня reading-room
чревовеща́тельница
ventriloquist (f.)
чте́ние reading
чувстви́тельно [1] (of feelings)
deeply
чувстви́тельно [2]
1. it is sensitive
2. it is sentimental
3. (of feelings) it is
deep
чуда́к eccentric man
чу́ять (fig.) to sense, feel

Ш

шака́л jackal
шампа́нское champagne
шарова́ры (no sing.)
wide trousers
ша́хта mine, pit
шепта́ть to whisper
ши́шка bump, lump
шка́фик dim. of шкаф =
(book-)case
(with doors)
шпи́лька hairpin
шту́чка dim. of шту́ка =
trick
шу́ба fur coat

шу́мный noisy
шутни́к joker

Щ

щётка brush

Э

э́кий (coll.) what (a)
экипа́ж carriage
эконо́мка housekeeper
энциклопеди́ческий
encyclopedic
э. слова́рь
encyclopedia
э́такий (coll.)
such (a), what (a)

Ю

юбиле́й anniversary;
jubilee

Я

я́рмарка (trade) fair
яросла́вский
Yaroslavl (adj.)
я́сли no sing.)
crèche, day-
nursery